# HÁGALO USTED MISMO

## 50 PROYECTOS DE DISEÑADORES Y ARTISTAS

# HÁGALO USTED MISMO

## 50 PROYECTOS DE DISEÑADORES Y ARTISTAS

Thomas Bärnthaler

Φ

## INTRODUCCIÓN

¿Objetos de diseño que puede hacer uno mismo? Esto es una contradicción. Al fin y al cabo, un diseñador se gana la vida diseñando objetos que se puedan producir a escala industrial y lleguen al mercado. Los diseñadores que regalan sus diseños están rompiendo la cadena comercial. Están tirando piedras contra su propio tejado. Por lo general, los diseñadores trabajan en la sombra y solo aparecen cuando el diseño está terminado: prefieren que nadie vea sus cartas. Un diseñador que crea algo que puede hacer cualquiera es como un pintor que enseña a copiar sus cuadros. Y, sin embargo, el mundo del diseño y el del bricolaje son inseparables. Es imposible concebir el uno sin el otro. El diseñador es una persona formada capaz de hacer algo que no todo el mundo puede hacer, pero detrás del diseño hay una motivación humana primordial: puedo hacer esto yo solo y voy a hacerlo ahora. «Hágalo usted mismo». Es un momento mágico de autoempoderamiento que todo el mundo ha experimentado alguna vez, tanto el diseñador que idea una silla revolucionaria como el aficionado al bricolaje que se pone a trabajar en su suelo de parqué. Tal vez sea este el motivo por el que muchos diseñadores no han dudado en dejarnos, por así decirlo, ver sus cartas: les gusta tanto el momento de hacer cosas que tienen ganas de compartirlo.

Hacer las cosas uno mismo contiene un factor de bienestar. Da significado y hace que uno se sienta orgulloso. En su libro *El artesano*, el sociólogo estadounidense Richard Sennett describe este «sentimiento de competencia» como una de las fuentes de gratificación emocional más importantes que podemos llegar a experimentar, ya que nos ancla a la realidad. El trabajo manual constituye una oportunidad de aprender una habilidad, y «una habilidad es una capacidad que se desarrolla»: puede satisfacer tanto al lutier como al programador informático. Sennett cree que deberíamos considerarnos ejemplos de *Homo faber* (hombre creativo), y por lo tanto humanos felices. En estos tiempos de globalización y de crecimiento económico descontrolado, la creatividad genuina es un signo de rebeldía.

La sociedad de consumo está llena de inquietudes. Esto tiene algo que ver con el anhelo de individualidad y de valores auténticos en un mundo estandarizado y homogeneizado de manera global. El auge de las ferreterías y el aumento de la afición por el bricolaje en los últimos años son claras muestras de ello. Y el nuevo placer de hacer las cosas por nosotros mismos trasciende el gusto romántico por las actividades *retro*. Es un paso que nos aleja de la inmadurez. ¿Para qué voy a comprar algo que yo mismo puedo hacer mejor? ¿Y por qué no voy a fabricar objetos en lugar de comprar los que hacen otras personas en otros lugares del mundo a cambio de un sueldo exiguo? La sostenibilidad también es una cuestión de perspectiva.

La idea del bricolaje nació en el siglo pasado como una forma de escapar para aquellos que ansiaban trabajo manual y como un pasatiempo para los aficionados y los amigos de las chapuzas, que en ocasiones provocaban la sonrisa de los espectadores. Sin embargo, el bricolaje también encontró defensores en el mundo del diseño: ya en la década de 1930, Gerrit Rietveld, carpintero de profesión, intentó vender muebles que se montaban con piezas prefabricadas. Cuarenta años después Enzo Mari publicó *Autoprogettazione*, un libro que contenía decenas de planos para construir todo tipo de muebles de madera. Mari, al igual que Sennett, asociaba este fenómeno con una esperanza filosófica: «Las personas que se animen a construir una mesa con sus propias manos serán capaces de entender el proceso mental que hay detrás».

Entonces llegó Internet y lo cambió todo, incluidas las aficiones. Hoy en día, el bricolaje, que comenzó en Estados Unidos, Inglaterra y Japón, es un extenso movimiento que continúa expandiéndose. Los aficionados actuales se reúnen en portales de Internet en los que intercambian instrucciones y venden productos en páginas de comercio electrónico como Etsy. Las ferias especializadas atraen a miles de visitantes. Si no encuentra alguno de los materiales que se mencionan en este libro en una ferretería, lo encontrará en Internet. Hay revistas de bricolaje, montones de blogs y de grupos de Facebook y diversas subculturas, como el movimiento tecnófilo *maker* o el *craftivismo,* este último de inspiración feminista. Lo que los une es su carácter abierto, su deseo de intercambiar objetos e ideas y su confianza en la sabiduría de las personas. Limitar el conocimiento a los especialistas está muy pasado de moda.

El periodista Chris Anderson cree que ya se percibe el inicio de una nueva revolución industrial. Fue redactor jefe de la revista *Wired* durante muchos años, antes de escribir dos *best sellers* sobre nuevos modelos de negocio en Internet y de fundar una empresa que fabrica drones. Para él, el *maker* armado con una impresora tridimensional, un ordenador y grandes ambiciones empresariales va a ser la figura económica dominante del futuro. El lema de Anderson es «Ahora todos somos diseñadores». Puede que haya una buena dosis de entusiasmo estadounidense en esta afirmación, pero los hechos son innegables: la revolución de Internet y las nuevas tecnologías de producción han afectado incluso al modo en que los diseñadores se ven a sí mismos.

El mundo se mueve: ya hace mucho que los diseñadores tomaron en serio los signos de los tiempos y se dieron cuenta de que el cambio social es una oportunidad. Algunos diseñadores consideran la impresora tridimensional como un elemento emancipador. Otros están entusiasmados con las posibilidades del diseño abierto, en el que la cooperación es más importante que la competencia. Se trata de una filosofía que no mira a los aficionados con condescendencia, sino que les otorga un papel en el proceso creativo. El diseño no debería ser unilateral. Se puede encontrar un ejemplo del resultado práctico de estos valores en los cincuenta proyectos de bricolaje que se reúnen en este libro, obras de diseñadores y artistas de prestigio.

Cuando invitamos a los diseñadores a crear algo que los lectores pudiesen fabricar por sí mismos nos embarcamos en un experimento abierto. Tenía que tratarse de un mueble, un objeto cotidiano o un elemento decorativo. Ni demasiado difícil ni demasiado caro: esos eran los únicos requisitos. La respuesta resultó abrumadora: salvo unas pocas excepciones, las grandes estrellas del panorama internacional no dudaron ni siquiera un instante. Estos proyectos recuerdan a los orígenes del diseño: el taller y el estudio, donde los aspectos prácticos y la improvisación resultan esenciales. Son proyectos que respiran el nuevo espíritu de apertura y constituyen un homenaje a la idea sencilla pero efectiva. La mayoría de ellos se han de entender como sugerencias que se pueden —y, de hecho, se deben— modificar, personalizar y cambiar a voluntad. Muchos de estos estantes, lámparas y sillas son muy baratos en cuanto a materiales y producción, pero no todos resultan sencillos de hacer, a menos que esté dispuesto a ensuciarse las manos.

Thomas Bärnthaler
*Süddeutsche Zeitung Magazin*

COSTE
100 US$ / 65 £ / 80 €

LÁMPARA DE SOBREMESA DE
## Gesa Hansen

TIEMPO
130 min

# BELLA LUZ

**Una campana de cristal como la de esta lámpara de escritorio se puede comprar en eBay o en algún mercadillo. Gesa Hansen encontró la suya en una tienda de antigüedades de París. El portalámparas de porcelana procedía de la caja de herramientas de su padre. «Cuando haces un objeto tú mismo, ese objeto es tuyo, se convierte en algo personal. Una campana de cristal aporta un toque especial a cualquier cosa que haya dentro. A la luz le da un aspecto muy elegante». Todo lo que se necesita para esta lámpara —el cable, la bombilla (de no más de 40 vatios para que no se acumule el calor) y el casquillo— se puede encontrar en una ferretería, donde puede comprar también la base de madera.**

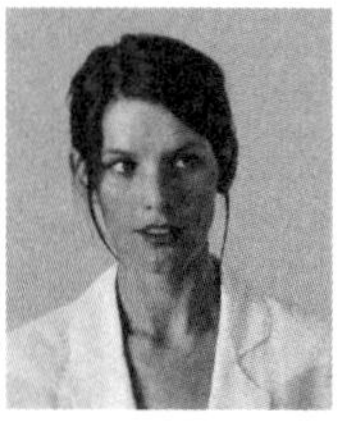

Gesa Hansen nació en Arnsberg (Alemania) y estudió Diseño con Axel Kufus en la Universidad Bauhaus, en Weimar. Después de trabajar para el célebre arquitecto Jean Nouvel, en 2009 creó la marca de muebles The Hansen Family y en 2011 fundó su propio estudio de diseño. Vive y trabaja en París. Sus premiados muebles de madera están impregnados de la nitidez y el sentido de la forma característicos de Escandinavia (su padre es el diseñador danés Hans Hansen), así como de una estética cálida y funcional.

# ¿QUÉ NECESITA?

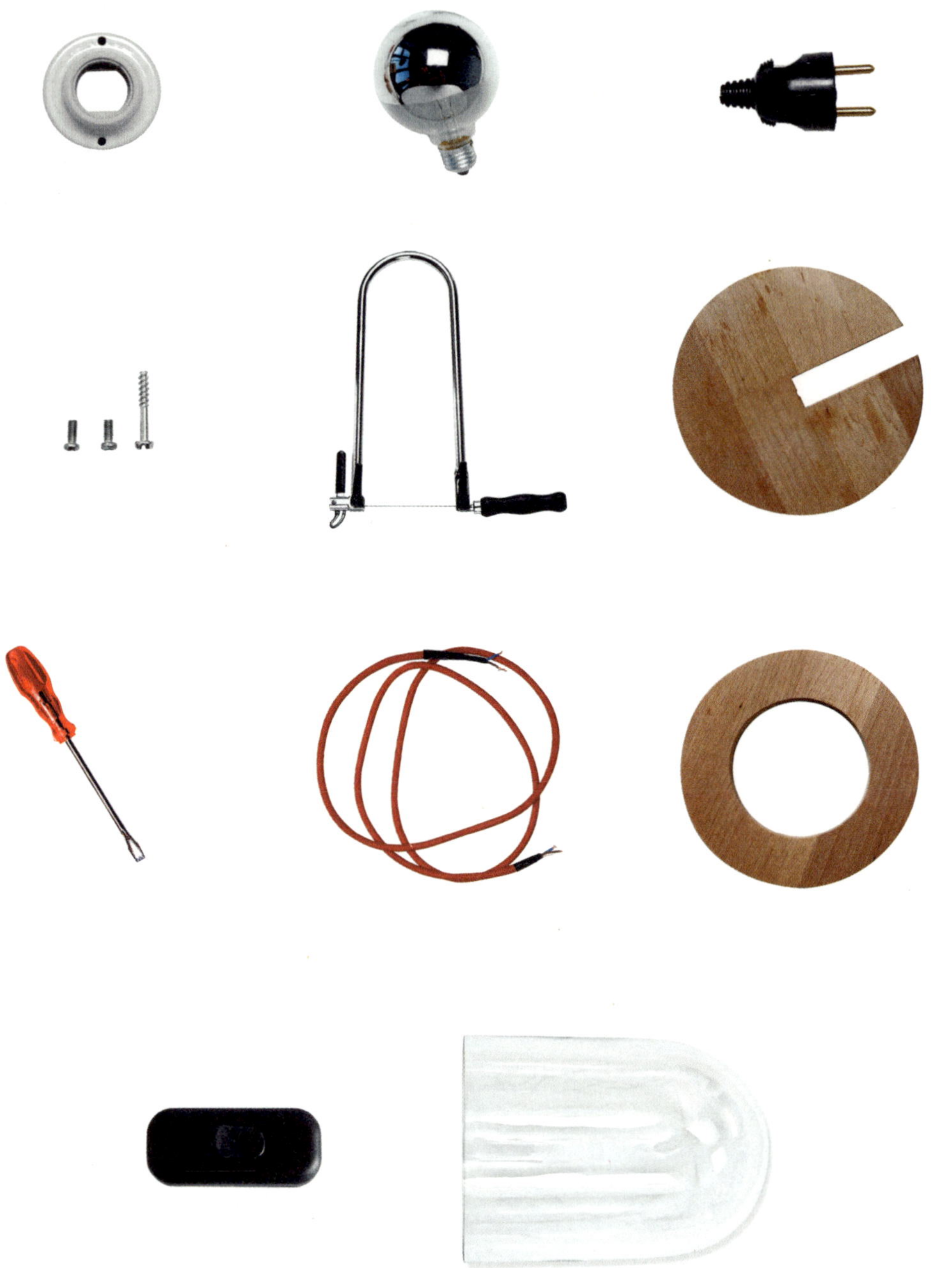

Casquillo (con agujeros para los tornillos y si es posible de porcelana, más resistente al calor). Bombilla bañada en plata (máximo 40 W). Enchufe. Tornillos. Sierra. Disco de madera cortado. Destornillador. Cable. Anillo de madera cortado. Interruptor. Campana de cristal.

# INSTRUCCIONES

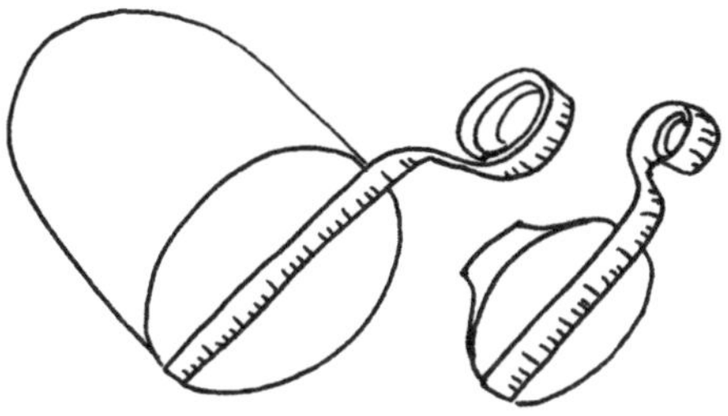

1. Mida el diámetro de la campana y el del casquillo.

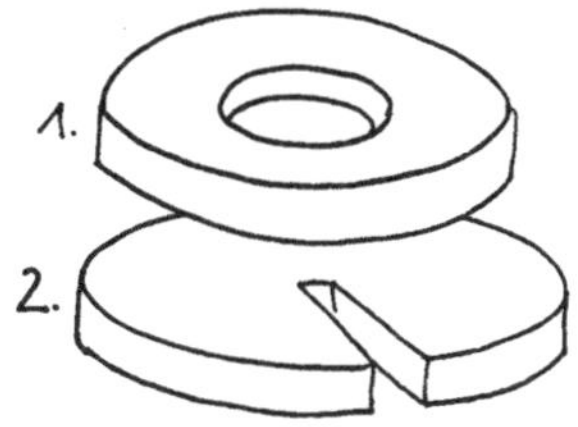


2. Corte o encargue dos discos de madera. El disco 1 debe tener el tamaño justo para que la campana encaje encima de él; el disco 2 ha de tener un diámetro unos 20 o 26 milímetros mayor y una ranura de 20 milímetros para el cable.

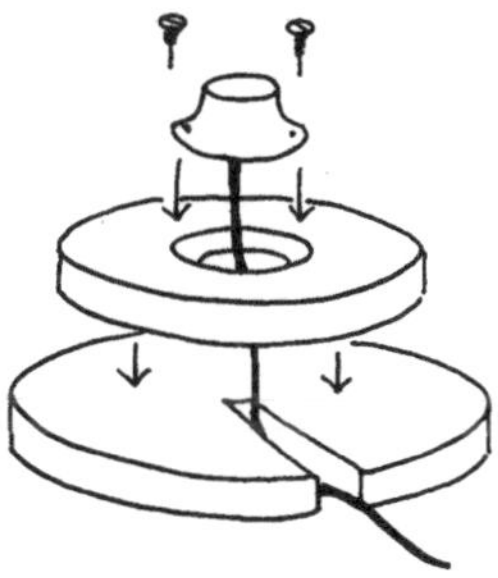

3. Conecte el cable al casquillo y atornille el casquillo con los discos de madera.

4. Enrosque la bombilla. Conecte el cable al interruptor y al enchufe.

5. Coloque la campana sobre la base y enchúfela.

COSTE
40 US$ / 26 £ / 35 €

BOOMBOX DE

## Konstantin Grcic

TIEMPO
90 min

# BOOM

**Existen muchos altavoces para reproductores de MP3 y teléfonos móviles, pero Konstantin Grcic ha dejado su huella en este campo: «Quería producir algo auténtico y elemental que contrastase con el relamido mundo de los *gadgets*». El resultado es una pequeña caja USB de sobremesa que recuerda a una *boombox* de la década de 1980 y es muy fácil de montar. Si se mira con atención, en la consola central se ve una cara con una boca. El dispositivo de reproducción es la lengua. Grcic y su becaria Charlotte Talbot se divirtieron mucho trabajando en este proyecto. «Nos demostró lo sencillas que pueden ser las cosas, incluso en una profesión tan limitada como la nuestra».**

Konstantin Grcic nació en Múnich, se formó como ebanista y estudió Diseño en el Royal College of Art de Londres. En 1991 fundó en Múnich su estudio de diseño, KGID. Entre sus clientes figuran empresas como Muji, Authentics, Vitra o Magis. Su lámpara Mayday forma parte de la colección del Museum of Modern Art de Nueva York desde 2001. En una encuesta realizada en 2008 para la revista alemana *Art* sus colegas y otros expertos lo eligieron el mejor diseñador vivo.

SPEEDLINK

# ¿QUÉ NECESITA?

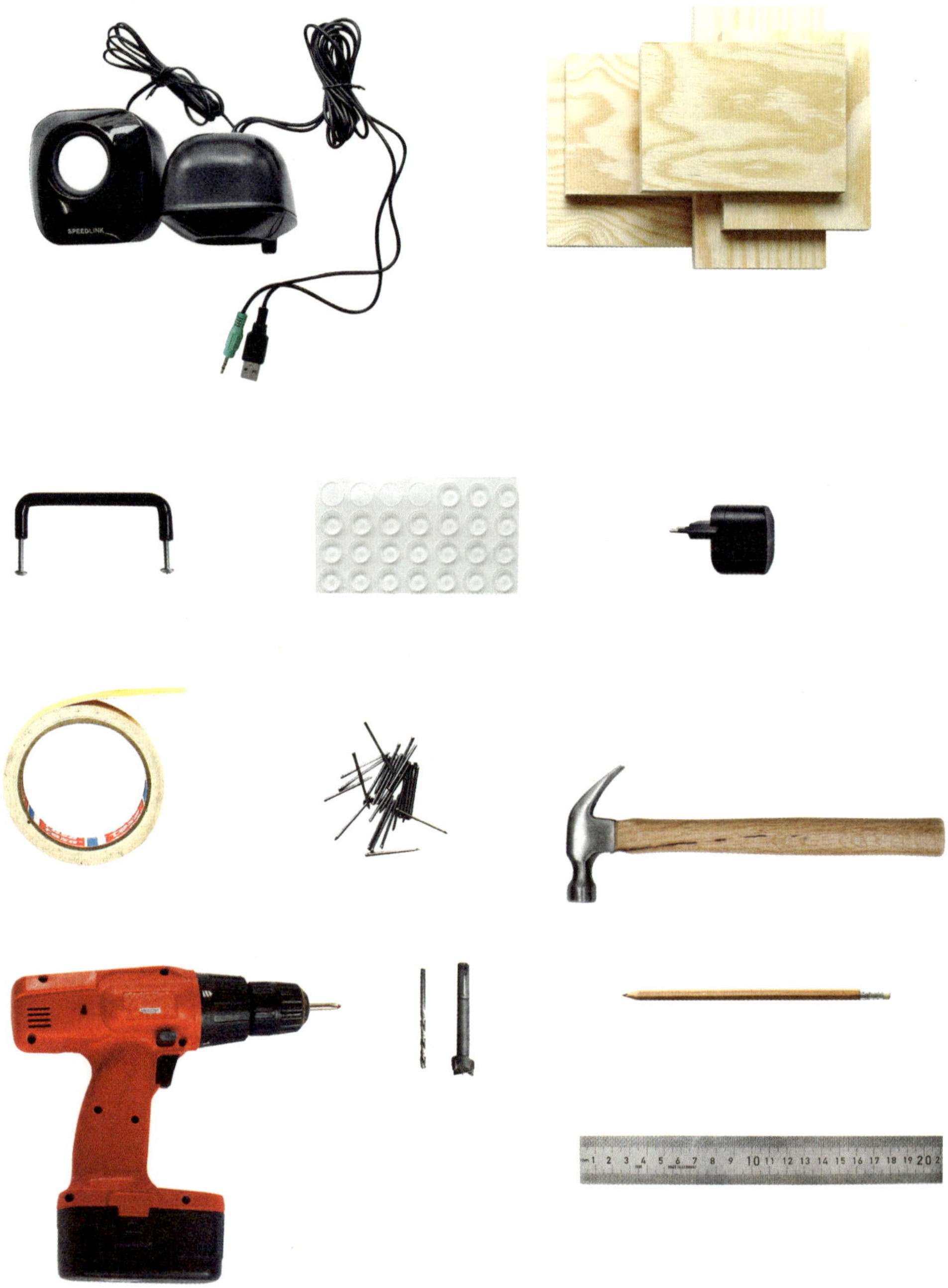

Altavoces estéreo USB. Tablones de madera (cortados a medida).
Asa. Tacos autoadhesivos de plástico o de fieltro. Adaptador USB.
Cinta adhesiva de doble cara (muy resistente). Clavos. Martillo.
Taladro. Brocas de 20, 12 y 5 mm. Lápiz. Regla.

# INSTRUCCIONES

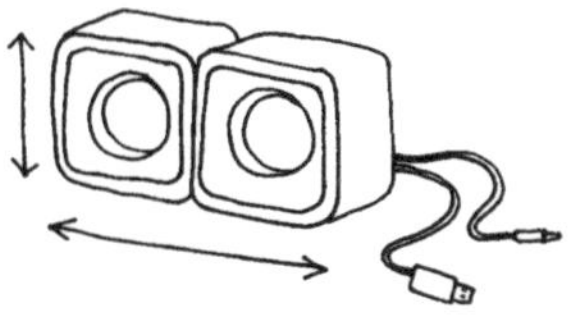

1. Mida la anchura y la altura de los dos altavoces juntos.

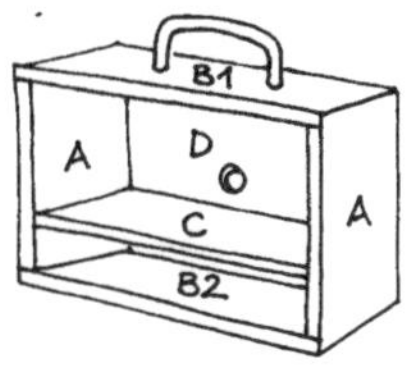


2. Corte los paneles con las dimensiones que necesite para los altavoces.

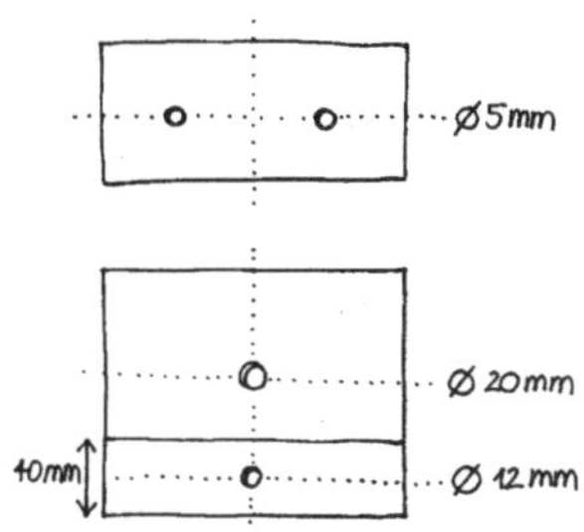


3. Haga dos agujeros de 5 milímetros para el asa en la parte superior, y uno de 20 y otro de 12 para los cables en la de atrás. Trace una línea a 40 milímetros de la base de la tabla trasera para colocar el estante.

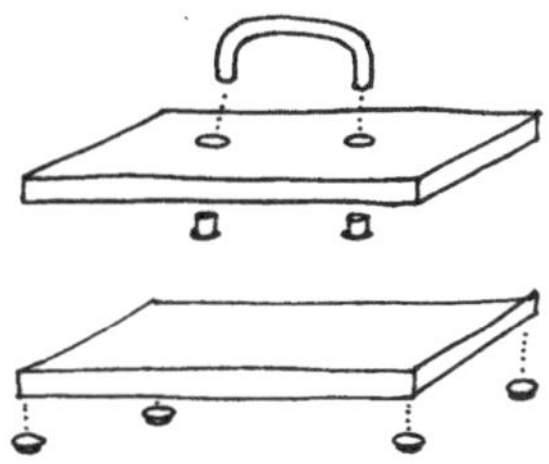

4. Monte el asa en la tapa (B1) y pegue los topes autoadhesivos de plástico o de fieltro en la base (B2).

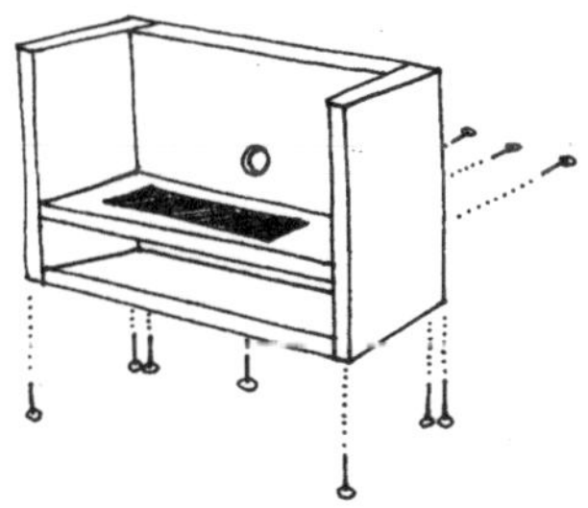

5. Clave la estructura de madera, excepto la tapa (A, B2, C y D). Coloque cinta de doble cara en la tabla C, pase el cable de los altavoces por el orificio superior, inserte los altavoces y fíjelos a la cinta.

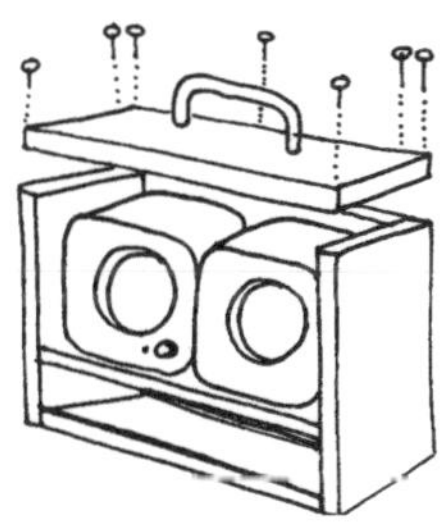

6. Clave la tapa. Pase el cable de entrada por el agujero situado bajo el estante.

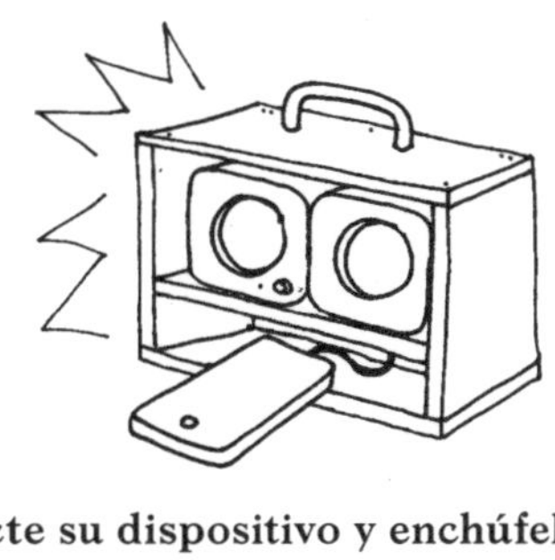

7. Conecte su dispositivo y enchúfelo a la red eléctrica. ¡A todo volumen!

COSTE
40 US$ / 26 £ / 35 €

SILLA DE
Rafael Horzon

TIEMPO
60 min

# BUTACA 01

**La Butaca 01 es una variante de la Silla 01 que Rafael Horzon diseñó hace unos años para su agencia Redesign Deutschland. Difiere en el asiento inclinado, que atrae al usuario hacia la silla. El diseño, cautivador por su claridad y su austeridad formal, consiste en cuatro tablas cuadradas del mismo tamaño unidas mediante tornillos. Las tablas se pueden cortar a medida en cualquier ferretería. «Recomiendo utilizar contrachapado de 12 milímetros con una capa de madera de abedul. Así la silla resulta muy estable y ligera al mismo tiempo».**

Rafael Horzon nació en Hamburgo y estudió Literatura, Latín, Física y un par de cosas más antes de decidir, a mediados de la década de 1990, «hacer algo interesante que fuera diferente del arte». Así, por ejemplo, con mayor o menor fortuna, fundó una academia científica, creó una marca de ropa y abrió una galería. Su tienda Moebel Horzon es conocida incluso fuera de Berlín, al igual que su librería Modern, que en la actualidad cuenta con un gran número de clientes. En 2010 Horzon publicó su narración autobiográfica *The White Book*.

# ¿QUÉ NECESITA?

Lápiz. 4 tablones de madera de 62 × 62 × 1,2 cm.
Destornillador inalámbrico. 20 tornillos para madera.

# INSTRUCCIONES

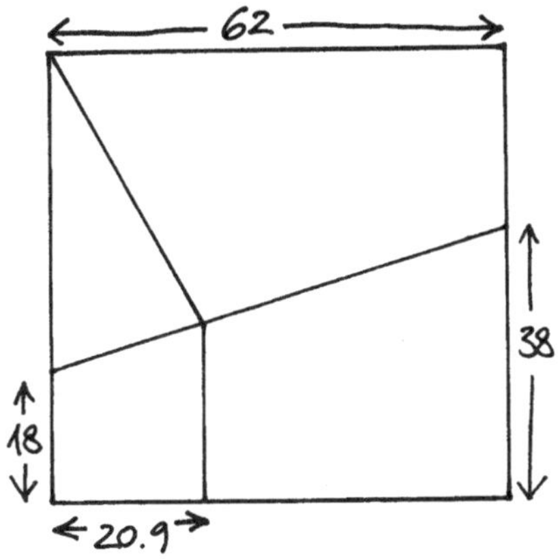


1. Trace líneas en dos de los tablones. Marque 18 centímetros desde la base en el lado izquierdo, 38 en el lado derecho y 20,9 desde el lado izquierdo en la parte inferior. Una los puntos.

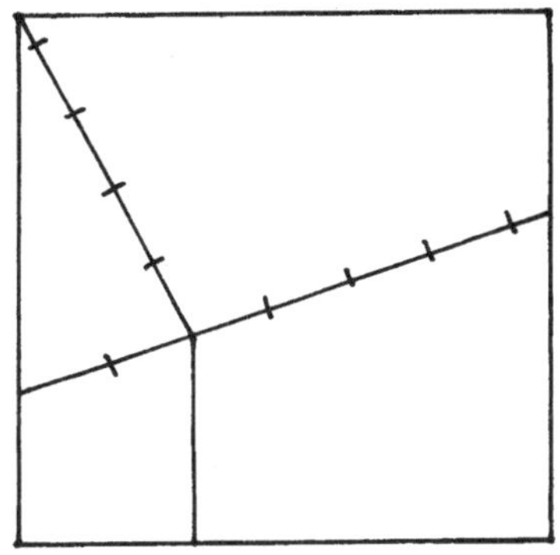

2. Marque sobre las líneas los puntos para colocar los tornillos, separados entre sí unos 10 centímetros.

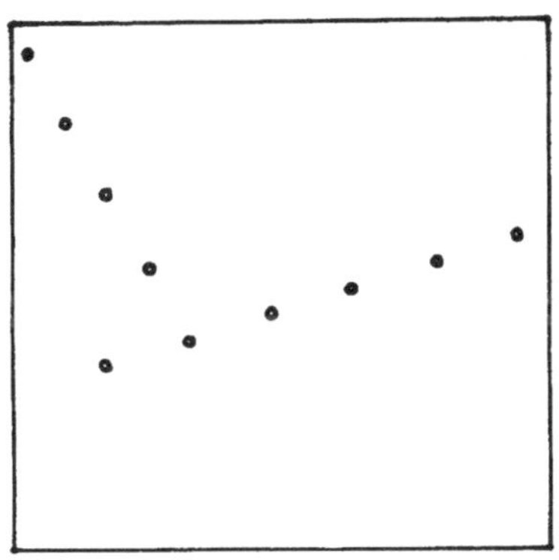

3. Haga los agujeros.

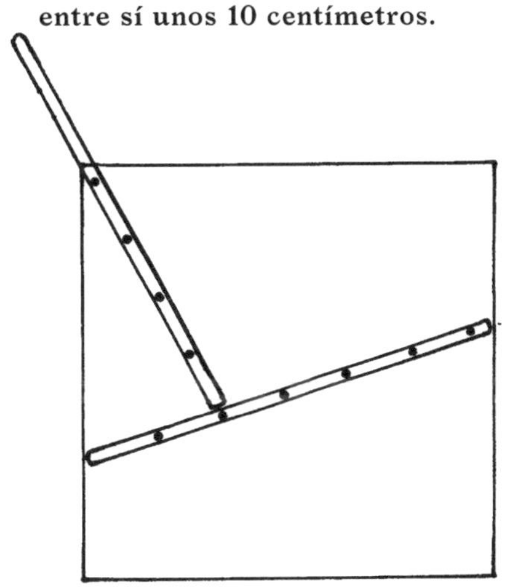

4. Fije con los tornillos el asiento y el respaldo de la silla.

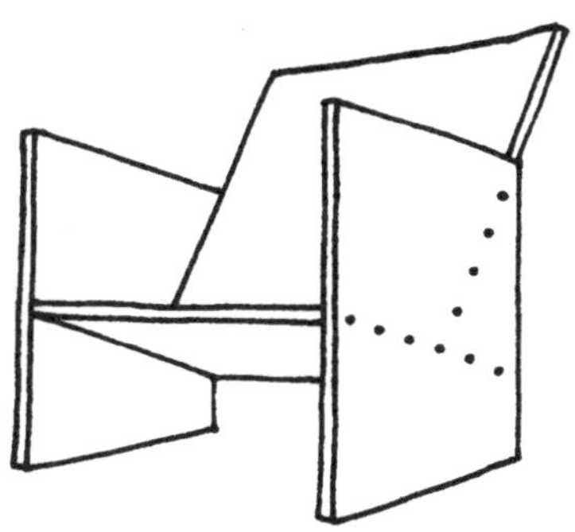

5. Relájese.

| COSTE | ESCULTURA DE | TIEMPO |
|---|---|---|
| 1 US$ / 1 £ / 1 € | **Sarah Sze** | 10 min |

# PIEDRA DE PAPEL

**¿Qué es auténtico y qué es artificial? ¿Hasta qué punto se puede confiar en los sentidos? ¿Por qué fabricamos objetos? Preguntas de este tipo son las que surgen al ver la Piedra de papel de Sarah Sze, una piedra hecha con papel arrugado que desafía cualquier propósito. Es muy fácil de hacer y parece real, pero no es ni dura ni pesada ni estable. No es un pisapapeles ni un tope de puerta, aunque podría llegar a serlo... si se pusiera dentro una piedra. La Piedra de papel de Sze es un homenaje a la perfección de la naturaleza. La tecnología moderna puede imitarla, pero no es capaz de igualarla.**

Sarah Sze es una artista contemporánea nacida en Boston. Su obra trata de encauzar y moldear la constante proliferación de información y de objetos de la vida moderna. Mediante la incorporación de instalaciones y de elementos pictóricos y arquitectónicos a su escultura, Sze investiga el valor que otorgamos a los objetos y el modo en que los objetos aportan significado a los lugares y a los momentos que habitamos. En 2013 representó a Estados Unidos en la 55.ª Bienal de Venecia. Vive y trabaja en Nueva York.

# ¿QUÉ NECESITA?

Papel. Cámara digital. Piedra. Impresora.

# INSTRUCCIONES

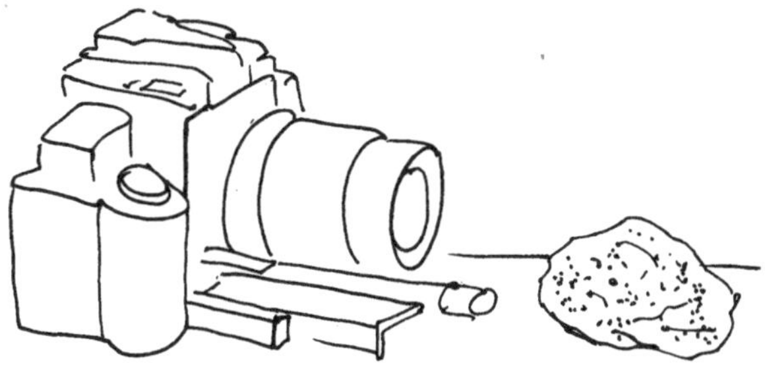

1. Haga una fotografía de una piedra desde muy cerca, de modo que ocupe todo el encuadre. Si lo prefiere, busque en Internet la textura de piedra que más le guste.

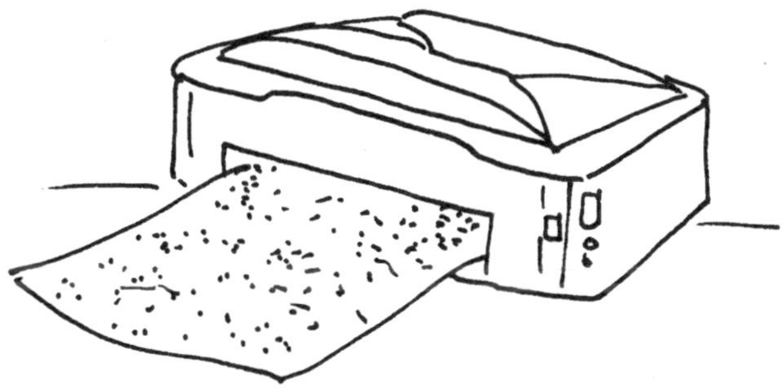

2. Imprima la foto en las dos caras de una hoja de papel de cualquier tamaño.

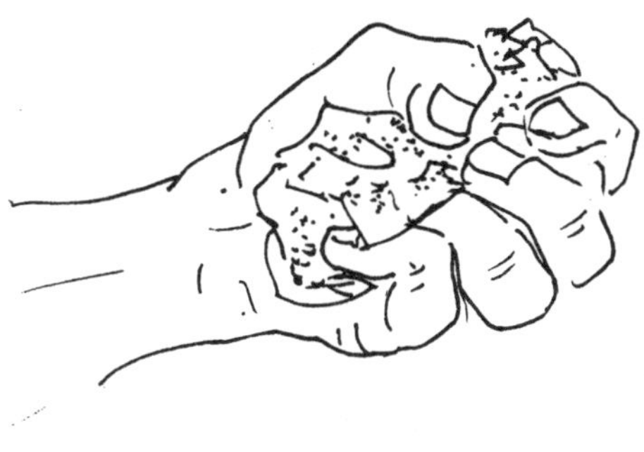

3. Arrugue el papel hasta formar una bola, manteniendo la parte superior lo más lisa posible.

| COSTE | TAPIZ DE | TIEMPO |
|---|---|---|
| US$ 45 / £ 30 / 40 € | Faye Toogood | 180 min |

# TAPIZ

**La idea de adornar las paredes con alfombras y otros tejidos no parece encajar bien en esta época minimalista en la que la escayola, las paredes desnudas y la fría severidad se imponen sobre la calidez y la decoración. La prueba de que estas posibilidades no son excluyentes está en este adorno de la diseñadora británica Faye Toogood. Se trata de una variación de un tapiz de su colección de muebles Assemblage 4. Veintidós trozos de cuerda blanca y un montón de nudos (sencillos) para crear un elegante adorno que llama la atención de inmediato. «Estos nudos de macramé son una tradición de los pescadores. Ellos siempre han anudado redes de este modo, y así hacen adornos para decorar sus barcos».**

Faye Toogood nació en Rutland (Inglaterra). En los últimos años ha cobrado fama sobre todo por sus sillas, taburetes y mesas, más parecidos a esculturas que a muebles. Después de estudiar Arte trabajó como estilista y en 2008 fundó su propio estudio interdisciplinario. Cuatro años más tarde recibió el Wallpaper Design Award. En la actualidad trabaja como diseñadora de productos, interiores e instalaciones, y entre sus clientes se encuentran empresas como Hermès, Montblanc o Swarovski.

## ¿QUÉ NECESITA?

Cuerda (22 trozos de 4 m cada uno). Tijeras.
Cinta aislante negra. Varilla de madera de 90 cm.
2 ganchos para colgar ropa. Regla o cinta métrica.

# INSTRUCCIONES

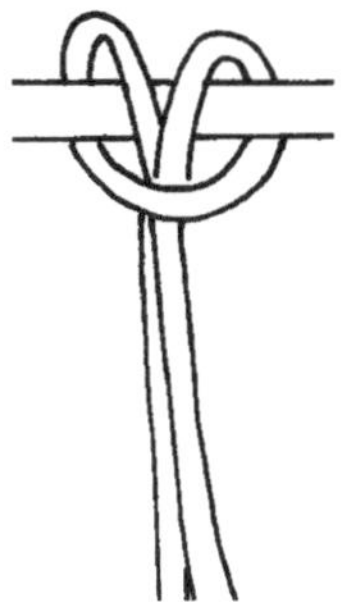

1. Corte 22 trozos de cuerda de 4 metros cada uno y dóblelos en torno a la varilla manteniendo los extremos alineados. Sepárelos entre sí de manera uniforme. Ate todos los trozos a la varilla con nudos corredizos asegurándose de que los extremos queden alineados.

2. Fije a la pared 2 ganchos para ropa separados entre sí unos 70 centímetros y cuelgue de ellos la varilla.

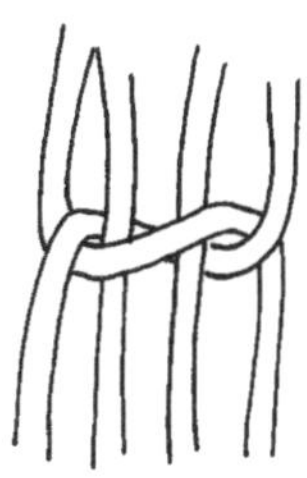

Nudo 1

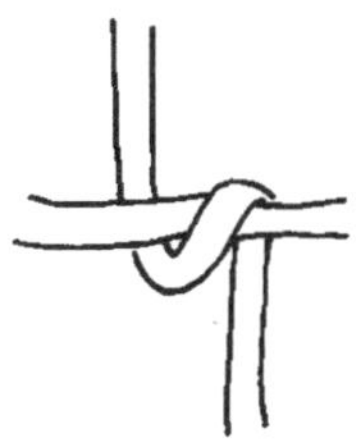

Nudo 2

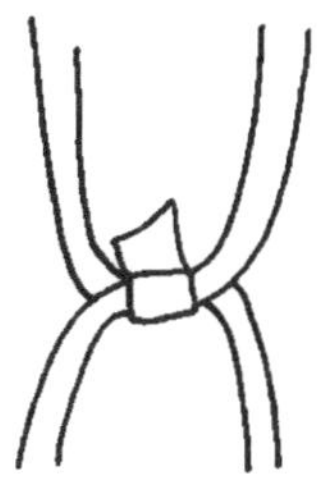

Cinta adhesiva

3. Siga el patrón de la página 212 usando solo los dos nudos de macramé que se muestran arriba y colocando cinta adhesiva como se indica en el dibujo.

COSTE
US$ 30 / £19 / €26

LÁMPARA DE SOBREMESA DE
Elia Mangia

TIEMPO
45 min

# ÁNGULO RECTO

**Esta lámpara de sobremesa minimalista demuestra que a menudo son las formas más sencillas, en este caso una herramienta de una ferretería, las que proporcionan el punto de partida para diseños impresionantes. «Encontré la inspiración en el componente principal de la propia lámpara: el ángulo de acero. Estaba paseando por una gran tienda de bricolaje y me llamó la atención el cuadrado rojo de metal que se utiliza para comprobar que dos superficies son perpendiculares. Era un objeto sencillo, preciso y sólido, además de vistoso, alegre ¡y muy barato! Un objeto que me gustaría tener en mi escritorio. ¡Tenía que encontrarle una nueva función! La transición fue inmediata».**

Elia Mangia nació en Milán. Estudió Diseño Industrial en el St. Martin's College de Londres y en el Istituto Europeo di Design de Milán. En 2007 fundó en Milán su propio estudio de diseño, que cuenta entre sus clientes con Ligne Roset, Nespresso, Saeco y Bosa. Saltó a la fama con Critter, una cocina móvil y autónoma para la empresa Skitsch. Desde 2008 es profesor de Diseño Industrial en Milán.

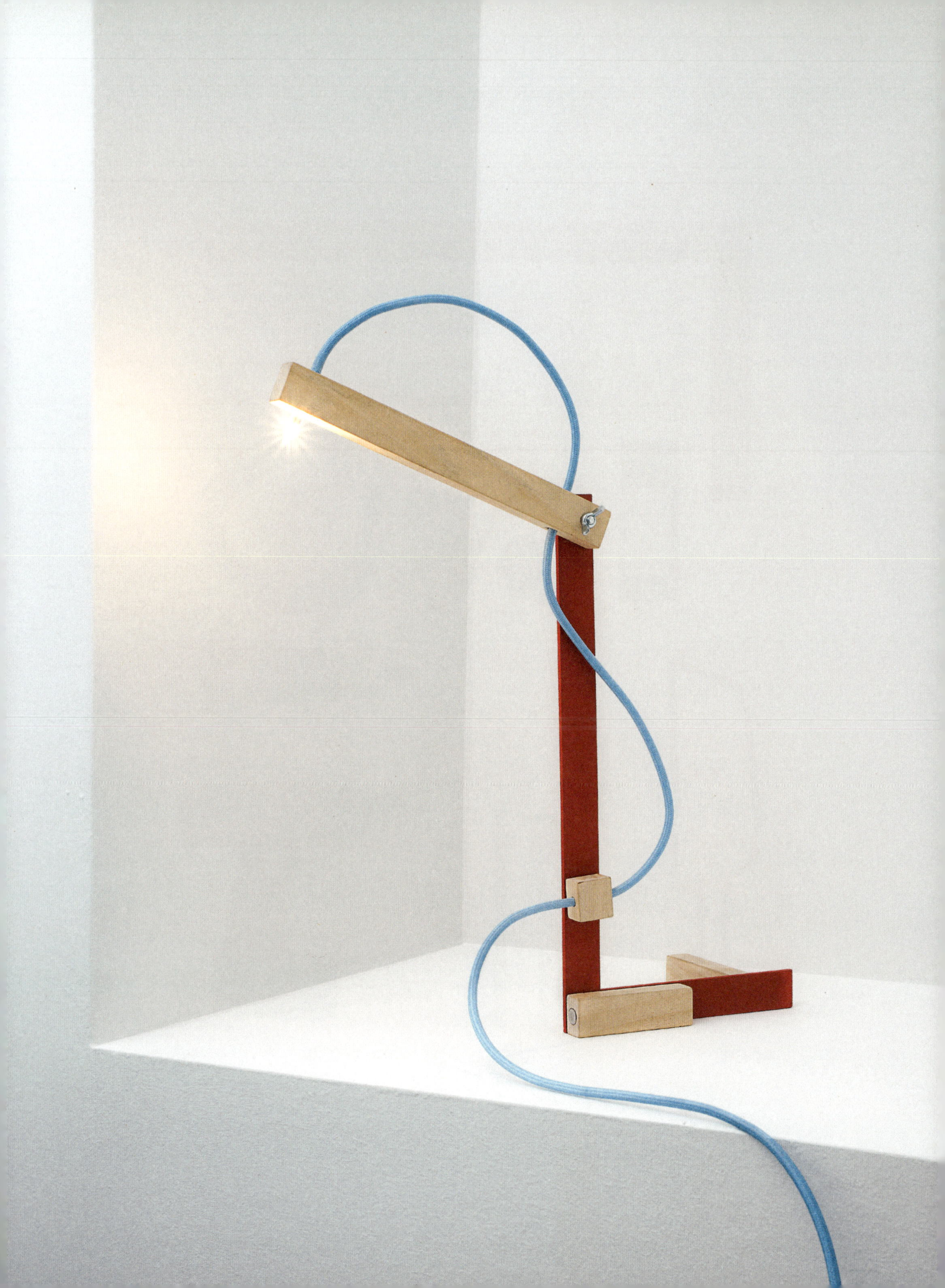

## ¿QUÉ NECESITA?

Escuadra metálica. Listón de madera de 49,5 cm de largo. Perno y tuerca de mariposa. Imanes de 10 y 12 mm de diámetro. Enchufe e interruptor. Bombilla halógena de 20 W. Casquillo bipín de tipo G8. Cable eléctrico. Pegamento instantáneo. Sierra. Taladro. Broca de 6 mm. Brocas de pala de 10 y 12 mm y otra de la anchura del casquillo.

# INSTRUCCIONES

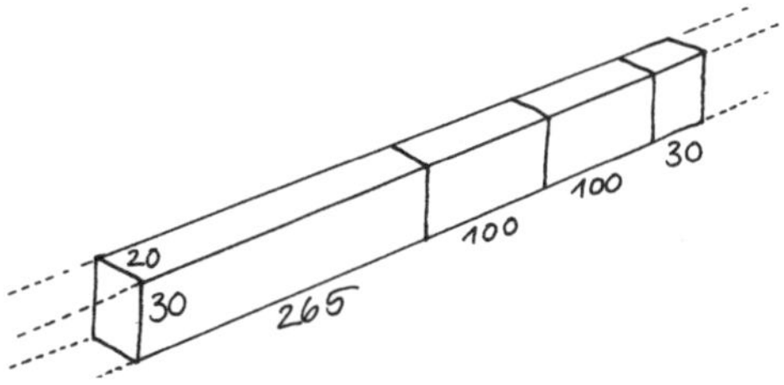


1. Corte el listón de madera en cuatro trozos: uno de 265 milímetros, dos de 100 y uno de 30.

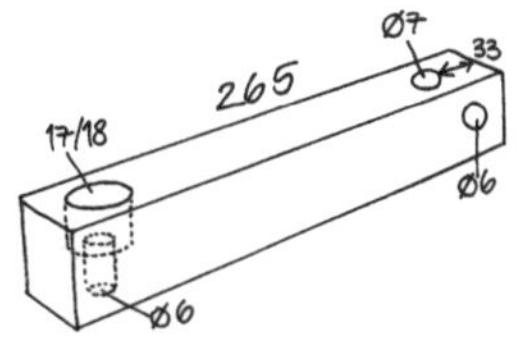


2. Haga los agujeros para el casquillo y el cable como se indica en el dibujo, en este caso de unos 18 y 6 milímetros.

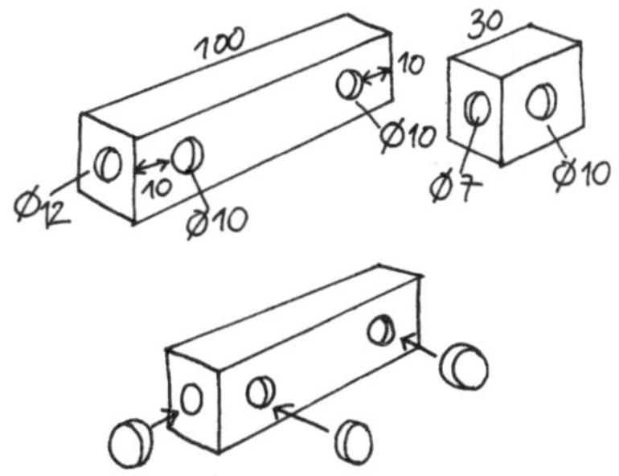


3. Haga agujeros para los imanes con las brocas de pala y pegue los imanes.

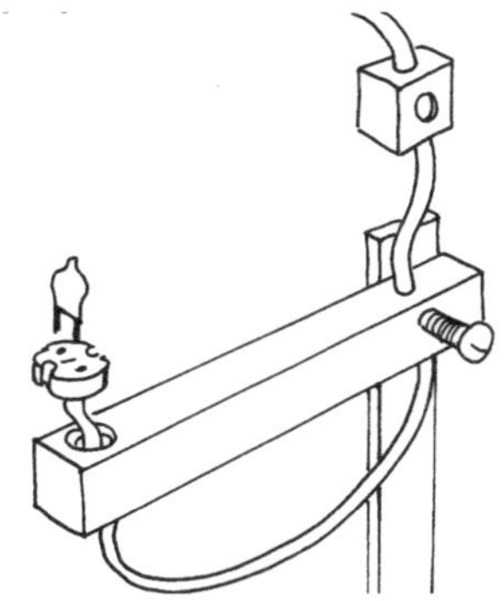

4. Fije el cable al casquillo y páselo por los agujeros del brazo y del trozo de madera más corto. Atornille el brazo con el perno y la tuerca de mariposa.

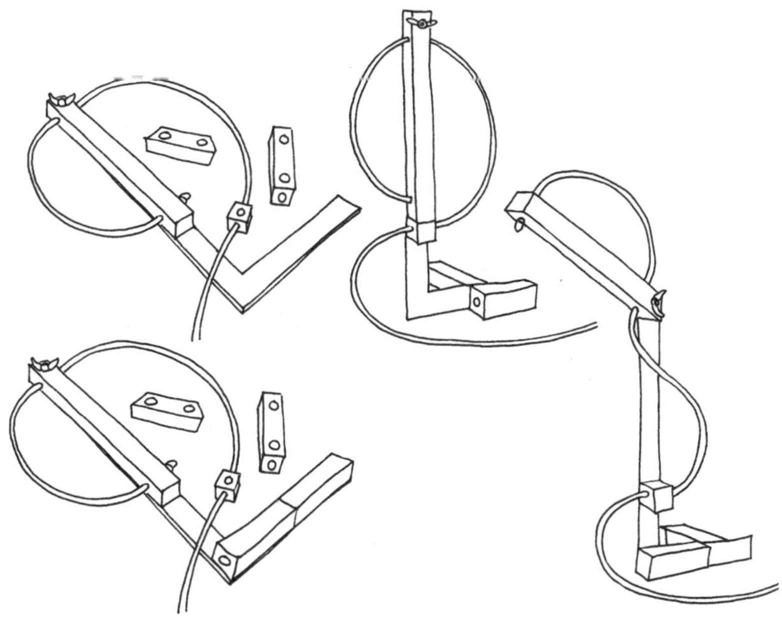

5. Utilice los otros dos trozos de madera con imanes para fijar la lámpara de modo que no se vuelque.

COSTE

120 US$ / 70 £ / 90 €

ESTANTES DE

## Sebastian Herkner

TIEMPO

360 min

# TRÁNSITO

**Los estantes que ha diseñado Sebastian Herkner quedan bien en un salón o una cocina, pero también en un estudio o un taller. Son sencillos, aunque se pueden modificar con facilidad: «Mi intención era diseñar una estantería con pinzas para que no pareciese estática y preprogramada, sino que se pudiese adaptar a las necesidades del usuario. Una estantería no debe ser solo un lugar donde colocar libros o herramientas: tiene que ser un espacio en el que se puedan mostrar recuerdos y objetos de valor personal». Todos los estantes se pueden mover o montar boca abajo. Los soportes para escoba permiten una construcción flexible, con muchas variaciones.**

Sebastian Herkner estudió Diseño de Producto en Offenbach del Meno (Alemania), donde en 2006 fundó su propio estudio de diseño. Desde entonces ha trabajado para clientes como ClassiCon, De Vorm, Rosenthal o Moroso y también ejerce como profesor visitante. Sus diseños han ganado numerosos premios. En 2011 obtuvo el Premio Nacional de Diseño de Alemania en la categoría de *savia nueva*.

Maurice Sendak
HEARS A WHO!
By Dr. Seuss
Sophie Calle
Hasselblad Award 2010
Steidl

# ¿QUÉ NECESITA?

Clavos. Tornillos para madera. Papel de lija.
26 soportes para colgar escobas. Sierra.
6 palos de escoba de 25 mm de diámetro.
Contrachapado de abedul de 9 mm de grosor.

# INSTRUCCIONES

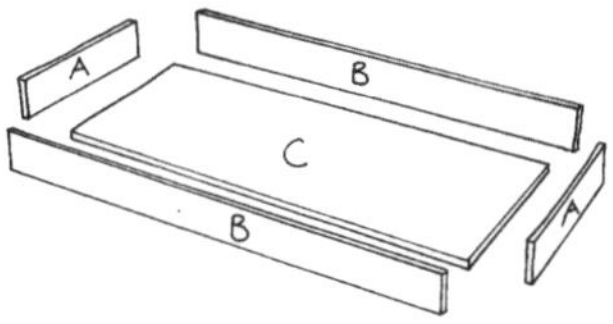


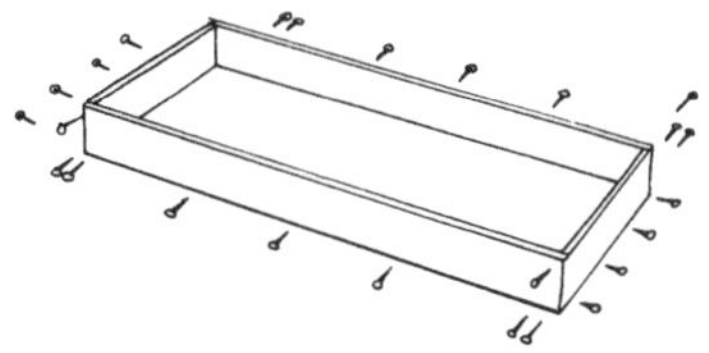

1. Se necesitan las siguientes tablas de contrachapado de abedul:
Estante 1. A: 6,5 × 25,5 cm; B: 6,5 × 61 cm; C: 59 × 25,5 cm.
Estante 2. A: 10 × 25,5 cm; B: 10 × 61 cm; C: 59 × 25,5 cm.

2. Monte un estante con las piezas A, B y C. Péguelas antes de clavarlas. Barnícelas del color que prefiera.

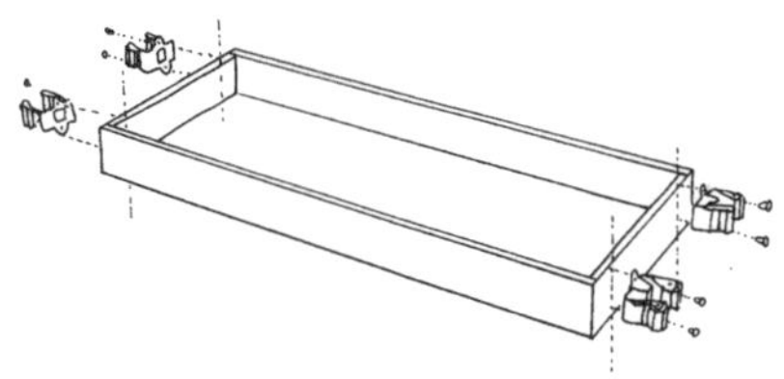

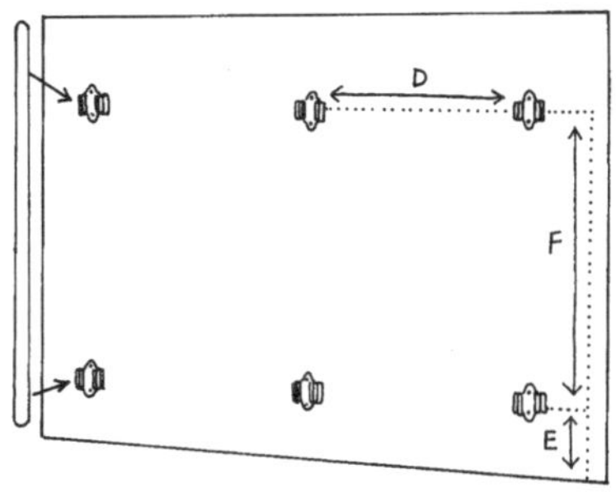


3. Fije los soportes a los lados cortos (A) de la estantería con los tornillos correspondientes. Los soportes deben estar bien alineados en altura. Los cuatro soportes de cada estante tienen que estar al mismo nivel.

4. Fije los soportes a la pared de este modo: D = longitud del estante + 5 cm (en este caso, 66 cm), E = 20 cm, F = altura total – 20 cm (en este caso, 99 cm). Para finalizar, coloque los estantes en los soportes de la pared.

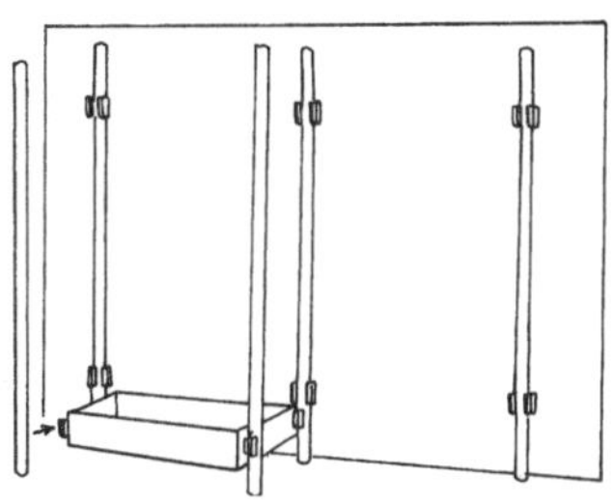

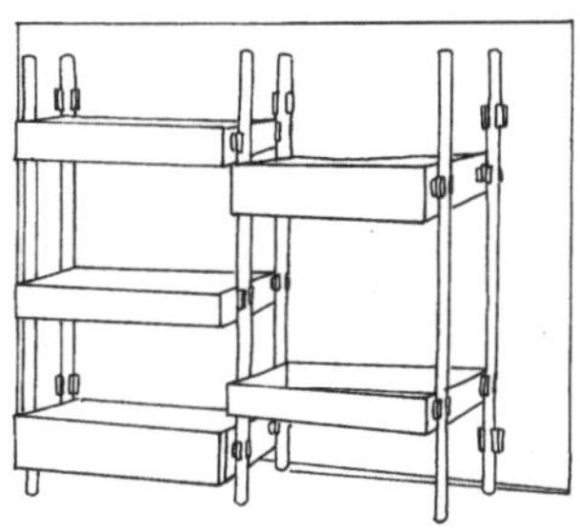

5. Monte los módulos como prefiera.

6. Los estantes también se pueden colocar al revés, es decir, se pueden utilizar como estantes planos o como cajones.

COSTE

US$ 50 / £ 33/ 44 €

PERCHA Y ESTANTE DE

Daniel Emma

TIEMPO

120 min

# PERCHA Y ESTANTE

**Siguiendo su lema de hacer cosas *bonitas,* esta pareja de diseñadores australianos crearon un estante que, aunque no puede ser más sencillo, resulta extraordinario. Al igual que en sus premiados objetos de escritorio, solo utilizan formas geométricas. Se trata de una percha modular y un pequeño estante. «La idea era crear un objeto que fuese útil y práctico para la vida cotidiana». En este estante rectangular puede colocar sus llaves, frascos de perfume, fotografías y otra serie de objetos pequeños. Por supuesto, se pueden poner más perchas si se necesitan.**

Daniel To y Emma Aiston se formaron como diseñadores industriales. En 2008 fundaron su estudio de diseño, Daniel Emma, en Adelaida (Australia), después de haber trabajado en Londres para, entre otros, Marc Newson. Sus diseños se guían por sencillas formas geométricas y suelen contener referencias a su tierra natal. Alcanzaron fama mundial con D. E., una atractiva colección de objetos de escritorio. En 2010 ganaron el Bombay Sapphire Award, el premio de diseño más importante de Australia.

# ¿QUÉ NECESITA?

Sierra de metal. Listón de madera de 10 × 10 × 51 cm.
2 varas de madera, de 20 y 45 mm de diámetro. Cola para madera.
Pintura en espray. 3 imanes de 10 mm de diámetro. Taladro.
Broca Forstner de 45 mm. Brocas de 10 y 5 mm.
Tornillos de pared con tacos.

# INSTRUCCIONES

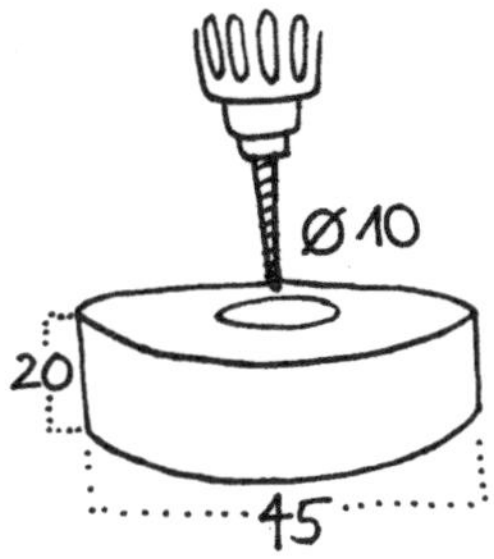


1. Coja la vara de 45 milímetros de diámetro y corte un trozo de 20 milímetros. Haga un agujero de 10 milímetros en el centro.

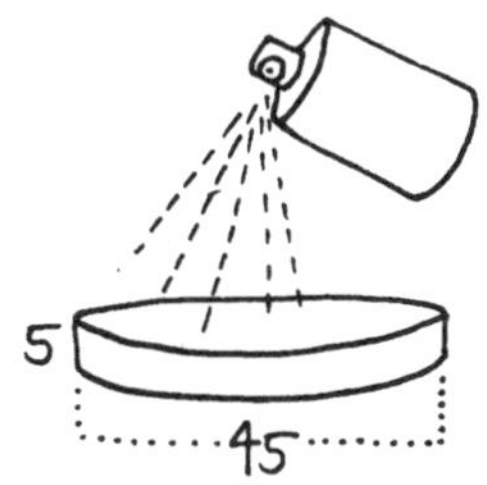


2. Corte tres trozos de 5 milímetros de la misma vara y píntelos con espray del color que desee. Se utilizarán como embellecedores.

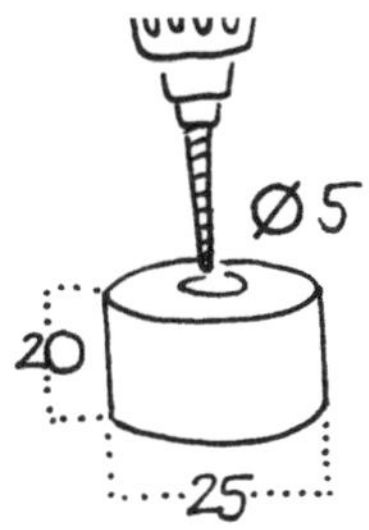


3. Coja la vara de 20 milímetros de diámetro y corte un trozo de 20 milímetros. Haga un agujero de 5 milímetros en el centro.

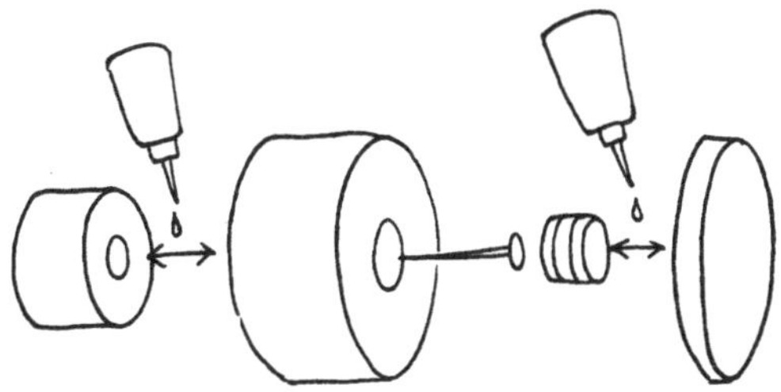

4. Una con cola las piezas de la percha y atorníllela a la pared. Pegue los embellecedores a los imanes y fíjelos.

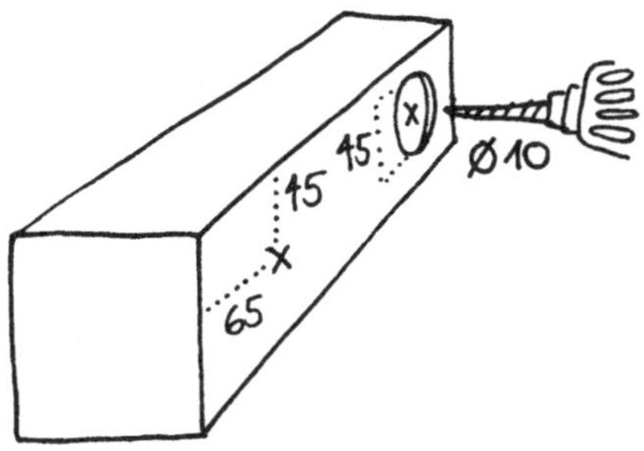


5. Marque un punto a 65 milímetros de cada extremo. Taladre con la broca de 10 milímetros hasta unos 35 milímetros de profundidad y termine de taladrar con la de 5 milímetros. Haga dos agujeros de 5 milímetros de profundidad con la broca Forstner.

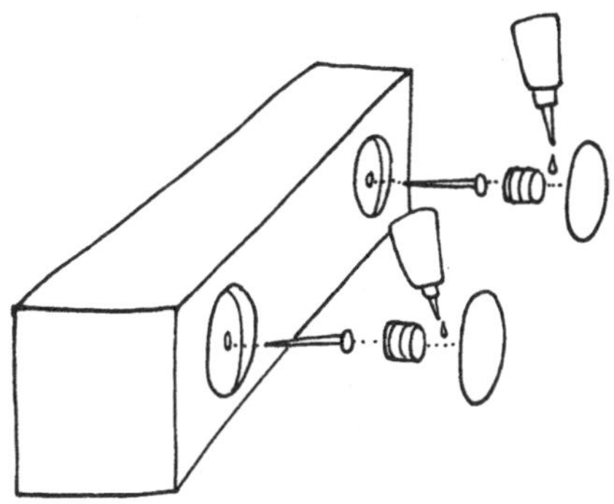

6. Atornille el estante a la pared, pegue los embellecedores a los imanes y fíjelos.

COSTE

35 US$ / 22£ / 30 €

CANDELABRO DE

Alfredo Häberli

TIEMPO

120 min

# LIGHTNUM

La madera es el componente principal de este candelabro, concebido como adorno de sobremesa. «El nombre deriva del latín *lignum,* que significa 'madera'», dice Alfredo Häberli. «Quería diseñar algo que tuviese aspecto festivo, pero que fuera práctico y fácil de utilizar de diferentes formas». Las correas permiten colocar velas de diversos diámetros y situarlas a distintas alturas de forma simétrica o en grupos aleatorios. Y no olvide lo que dice la etiqueta: «No deje las velas encendidas sin vigilarlas».

Alfredo Häberli nació en Buenos Aires y en 1977 emigró a Suiza, donde estudió Diseño Industrial en la Höhere Schule für Gestaltung. Actualmente dirige un estudio de diseño en Zúrich. Su lema es «El diseño no debe ser molesto». Trabaja para empresas como Moroso, Volvo o Luceplan. Su vajilla Origo, diseñada para Iittala, recibió el iF Product Design Award en 2002.

# ¿QUÉ NECESITA?

Brocas de 5 y 20 mm y taladro.
8 varillas de madera de 20 mm de diámetro y 320 mm de largo.
Tijeras. Cinta de nailon resistente. Etiqueta de advertencia.
Velas. Tabla de 58 × 22 × 2 cm. Sierra.

# INSTRUCCIONES

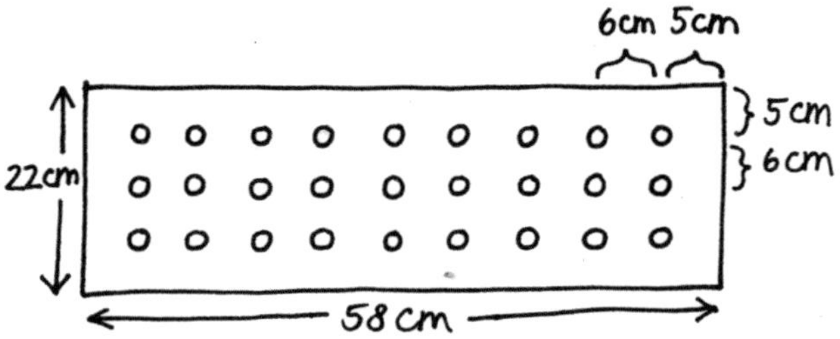


1. Haga los agujeros para las varillas en la tabla. Comience a 5 centímetros del borde y deje una separación de unos 6 centímetros entre un agujero y otro.

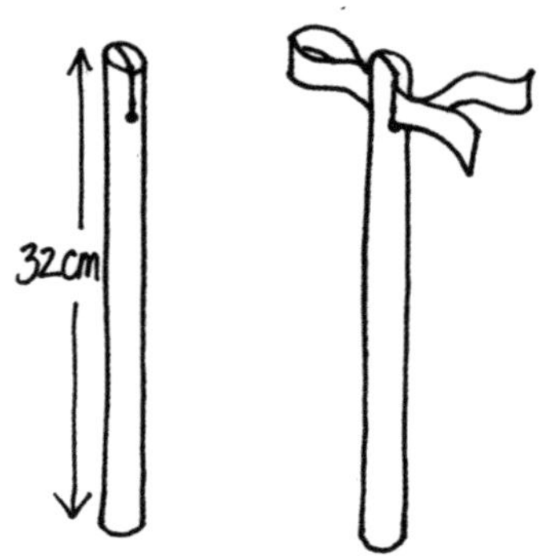


2. Haga un agujero de 5 milímetros a 25 milímetros del extremo de cada varilla y abra una hendidura hasta él.

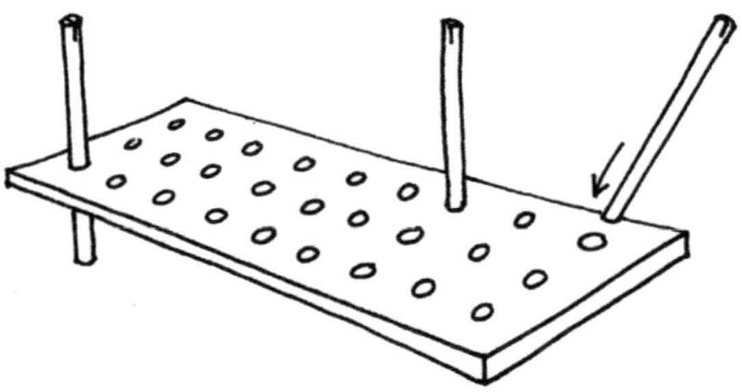

3. Inserte las varillas como desee. La tabla debe quedar estable y nivelada.

4. Rodee las velas con cinta y estire para sujetarlas bien.

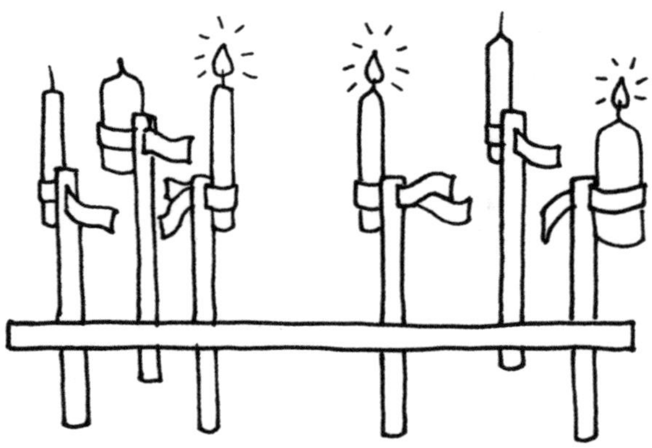

5. Coloque la etiqueta de advertencia. Encienda las velas. Cuando una vela se haya consumido hasta la cinta, cámbiela.

COSTE 50 US$ / 33 £ / 44 €

LUZ COLGANTE DE
## Nils Holger Moormann

TIEMPO 150 min

# LÁMPARA DE RAMA

**Nils Holger Moormann pasó mucho tiempo buscando una lámpara para su sala de juntas, pero no conseguía encontrar ninguna adecuada. Un día una tormenta hizo que cayera una rama en su patio. «¡De repente todo encajó! Desde entonces muchos visitantes me han preguntado cómo pueden hacer sus propias lámparas de rama. Lo más importante es tener una buena rama, de las que se pueden encontrar durante un paseo por el bosque. Y utilice iluminación regulable, nada de esas bombillas de bajo consumo del supermercado». Moormann también recomienda buscar o diseñar cables apropiados para el material utilizado. «Así obtendrá un magnífico ejemplo de cómo se pueden combinar la tecnología y la naturaleza».**

Nils Holger Moormann interrumpió sus estudios de Derecho en 1982. Se formó de manera autodidacta y comenzó a producir muebles para jóvenes diseñadores. A sus cincuenta y nueve años y, tras obtener numerosos premios, su gran salto se produjo con la estantería que diseñó para Wolfgang Laubersheimer. Desde 1992 su estudio de diseño en Aschau im Chiemgau (Alemania) ha seguido el lema «Sencillez, inteligencia e innovación».

# ¿QUÉ NECESITA?

Rama. Cables eléctricos (la longitud depende de la altura del techo y del número de bombillas). Bombillas. Casquillos. Tacos de pared. Escarpias. Clemas (la cantidad depende del número de bombillas).

## INSTRUCCIONES

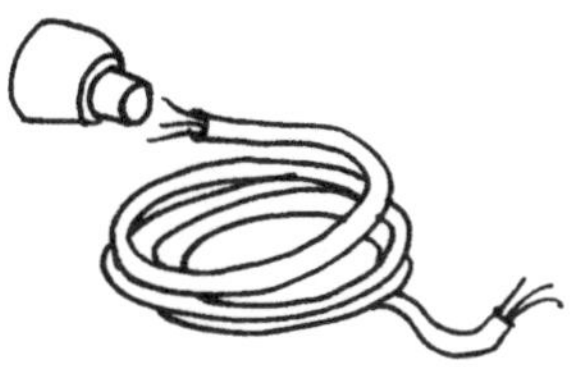

1. Determine el número de focos de luz y la longitud que desea que tengan los cables. Conecte los cables a los casquillos.

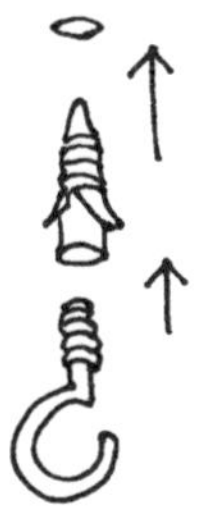

2. Fije los tacos y atornille las escarpias al techo en los puntos donde desee colgar las luces.

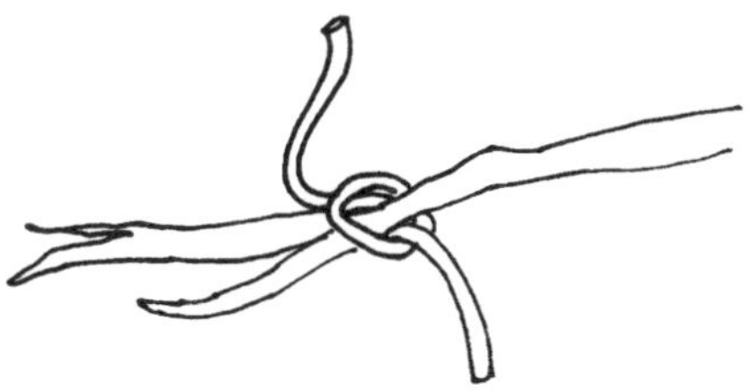

3. Ate los cables eléctricos a la rama.

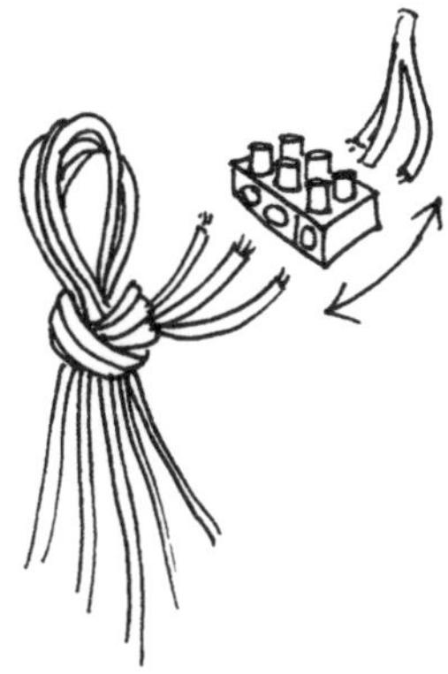

4. Junte los extremos que van hacia el techo y átelos. Conecte los cables a la corriente con las clemas.

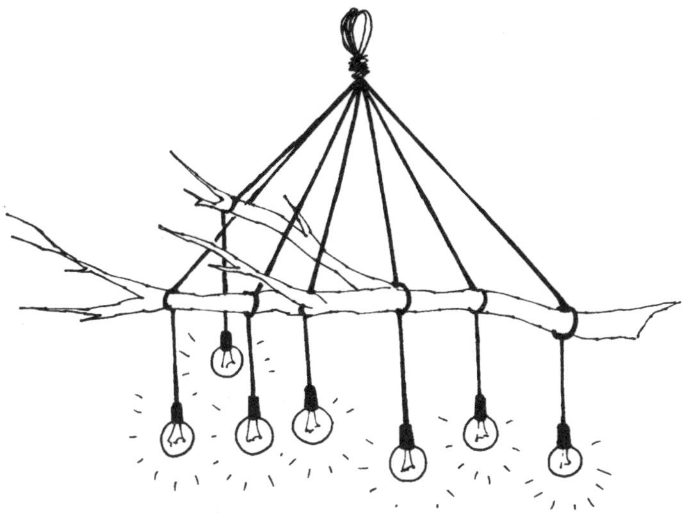

5. Cuelgue los cables de las escarpias y coloque las bombillas.

COSTE
30 US$ / 19 £ / 26 €

GALÁN DE NOCHE DE
**Antenna Design**

TIEMPO DE
90 min

# HANGOUT

A los diseñadores les encanta encontrar soluciones para los problemas. Para su proyecto de bricolaje, Masamichi Udagawa y Sigi Moeslinger, de Antenna Design, tomaron el camino opuesto: «Fuimos a una ferretería y utilizamos los artículos que estaban a la venta como fuente de inspiración». Compraron un palo de escoba y una cuerda de colores y dejaron experimentar a sus ayudantes Isaac Chen y Binsei Numao. El resultado es un galán de noche de una sencillez extraordinaria. La cuerda se pasa por unos agujeros realizados en el palo y luego se sujeta a la pared para que el conjunto cuelgue en la habitación de manera informal. Ideal para dormitorios o para rincones que no se utilizan en pisos compartidos.

Masamichi Udagawa, de Tokio, y Sigi Moeslinger, de Viena, fundaron Antenna Design en Nueva York en 1997. Su misión: embellecer los objetos cotidianos. Su porfolio abarca desde vagones de metro y máquinas expendedoras de billetes hasta muebles y pantallas planas. Udagawa colabora con revistas internacionales de diseño. Ambos han ganado numerosos premios y comparten su experiencia con sus alumnos de la Universidad de Yale.

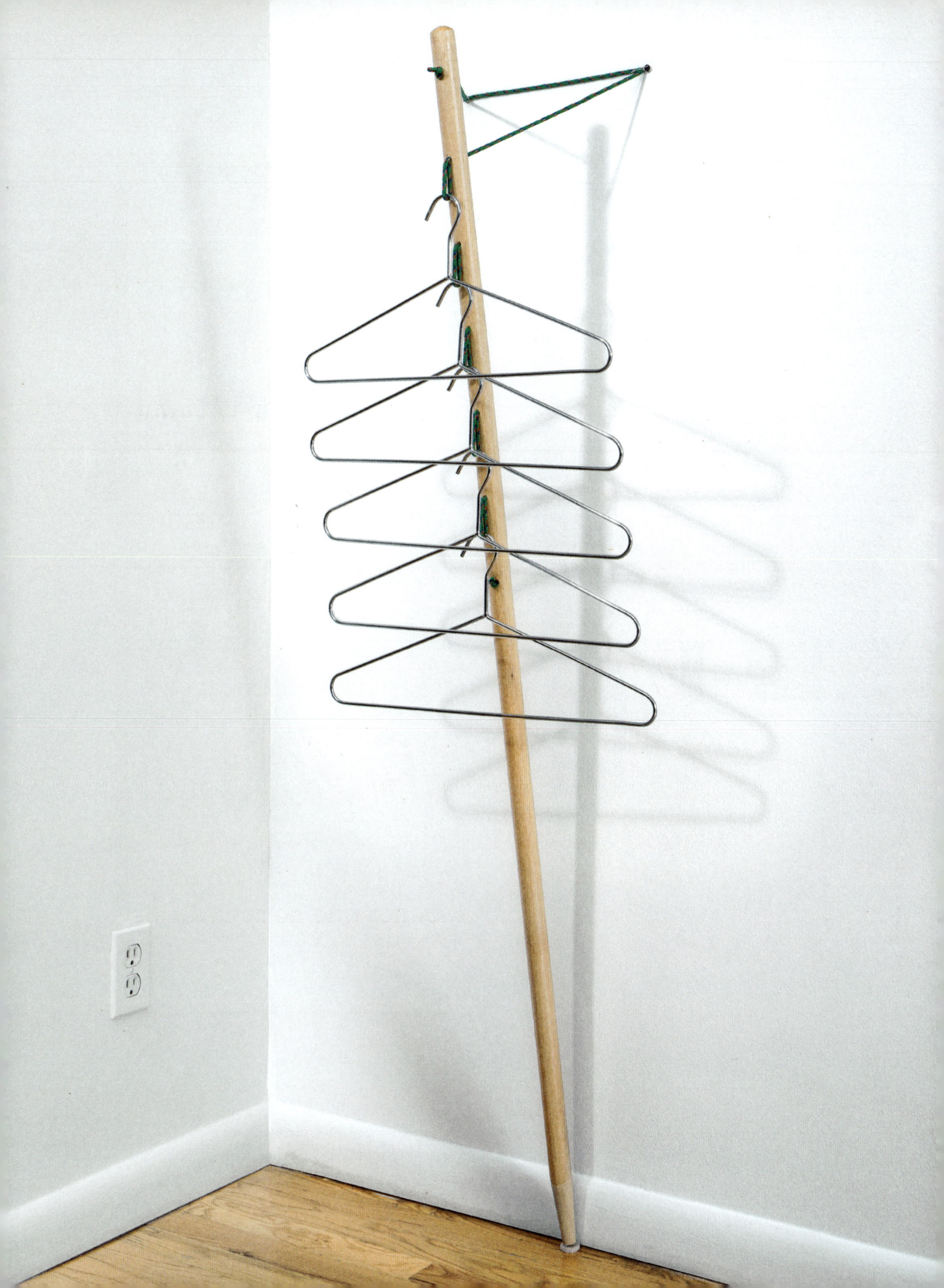

# ¿QUÉ NECESITA?

Taladro. Brocas de 3 y 6 mm. Taco de fieltro redondo de 45 mm.
Cuerda de 245 cm de largo y 7 mm de grosor. Cinta. Cinta métrica.
Encendedor. Alicates. Lápiz. Tijeras. Martillo. Palo de escoba.
2 armellas lo bastante grandes para la cuerda. Lazo de torcedura.
Clavo de 25 mm. 5 perchas de alambre.

# INSTRUCCIONES

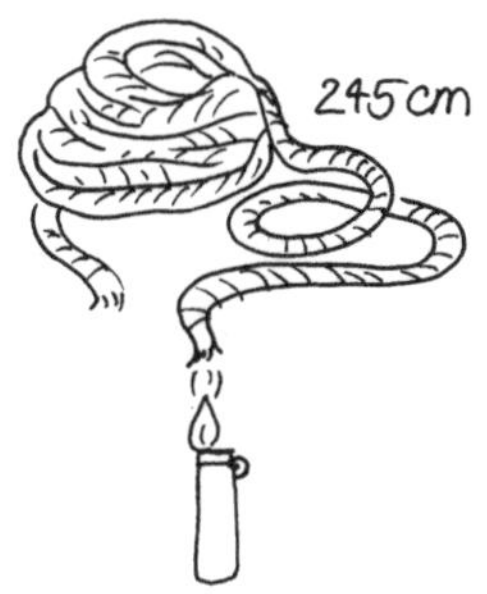


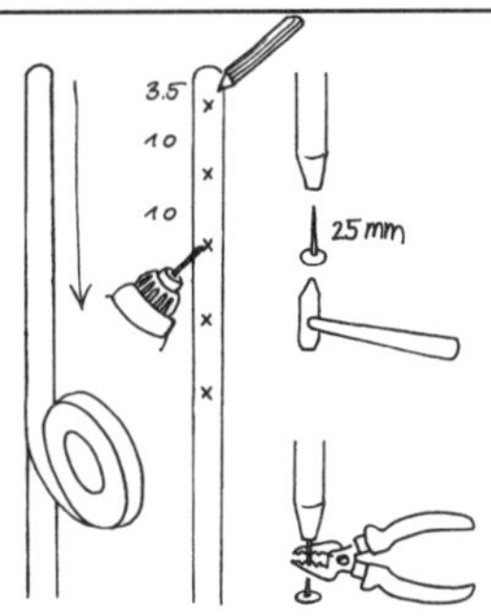


1. Corte 245 centímetros de cuerda. Queme los extremos para reforzarlos.

2. Marque en el palo siete puntos con separación de 10 centímetros, el primero a 3,5 centímetros del extremo superior. Cúbralos con cinta antes de taladrar. Use la broca de 3 milímetros para la prueba y la de 6 para los agujeros reales.

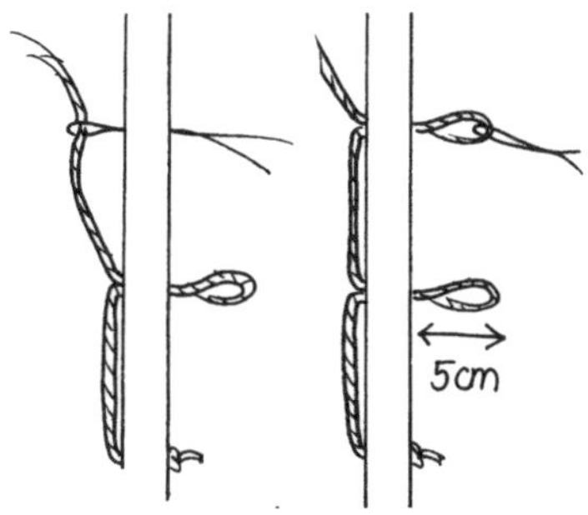

3. Haga un nudo en un extremo de la cuerda y pásela por el agujero inferior. Pásela por los siguientes agujeros con ayuda del lazo de torcedura. Mantenga la cuerda tensa. Haga cinco bucles de 5 centímetros de largo. Pase la cuerda restante por las dos armellas.

4. Pase la cuerda por el último agujero y haga un nudo en el extremo. Coloque el clavo en la parte inferior del palo dejando unos 10 mm expuestos.

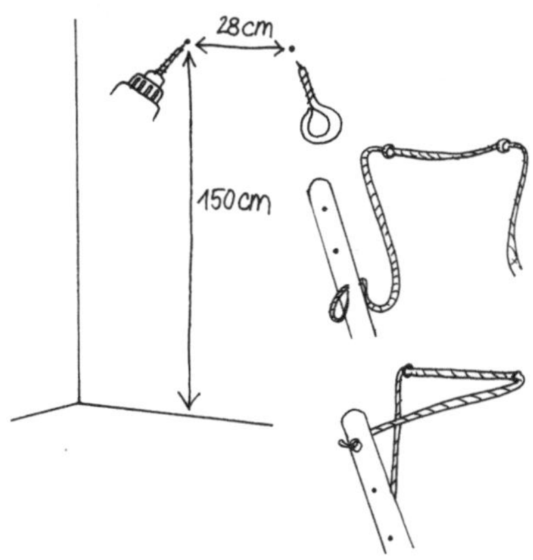


5. Haga dos agujeros separados 28 centímetros entre sí a 150 centímetros del suelo (en función de la longitud del palo). Coloque en el suelo el taco de fieltro, centrado entre los agujeros. Fije las armellas y el palo a la pared y sitúe el clavo en el protector de fieltro. Centre el palo entre las armellas.

COSTE

35 US$ / 33 £ / 30 €

VAJILLA DE

**Stephen Burks**

TIEMPO

180 min

# LENTEJUELAS

Este objeto tiene dos caras. Según cómo se presente, puede ser un cuenco o un jarrón. Esto no resulta sorprendente, puesto que los dos elementos principales son un jarrón y un cuenco de cristal como los que se pueden encontrar en un armario de cualquier cocina, en un mercadillo o en IKEA. El truco está en el modo de combinarlos. Para hacer un mosaico como el de la fotografía se necesita un trozo de hule vistoso, unas tijeras para recortar las lentejuelas y un poco de pegamento o cola para *découpage*. El resultado es una obra de arte original y espontánea: como diría Stephen Burks, un *ready-made*.

Stephen Burks estudió Arquitectura en Chicago y Nueva York, pero después se formó como diseñador industrial y en 1997 montó su propio estudio, Stephen Burks Man Made. Sus productos abordan temas como la sostenibilidad, la globalización o la artesanía. Sus trabajos para Cappellini, Moroso y Audi han obtenido numerosos premios. Vive y trabaja en Nueva York.

## ¿QUÉ NECESITA?

Esponja. Cepillo de espuma.
Hule. Cuenco de vidrio.
Jarrón alto de vidrio. Tijeras. Epoxi soluble en agua.

## INSTRUCCIONES

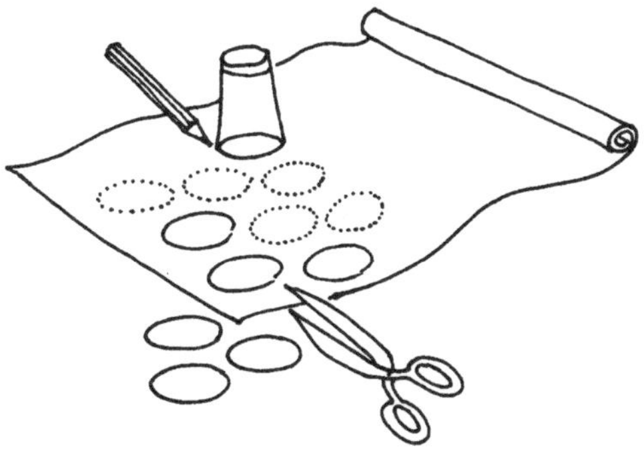

1. Dibuje círculos en el hule utilizando como guía la base del jarrón y recórtelos.

2. Pegue las lentejuelas, solapadas, en el jarrón y en el cuenco. Utilice pegamento soluble en agua o cola para *découpage*.

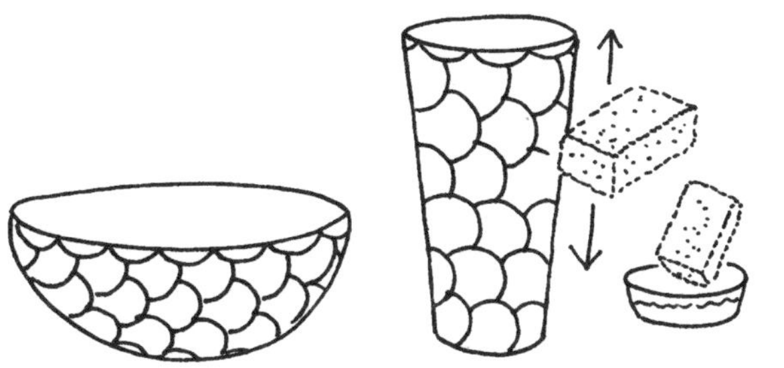

3. Alise las superficies con ayuda de una esponja húmeda.

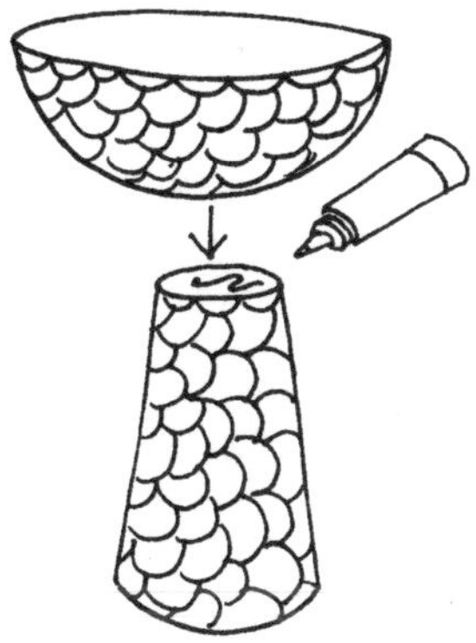

4. Una los dos recipientes con pegamento.

5. Puede utilizar este doble recipiente como cuenco o como jarrón.

COSTE

7 US$ / 5 £ / 6 €

SILLA DE

## Martino Gamper

TIEMPO

120 min

# PALÉ

Martino Gamper estaba de viaje en Nueva Zelanda cuando le pedimos un diseño para este libro. Sin embargo, eso no le impidió crear una de las sillas que lo han hecho famoso y que es capaz de montar con piezas que se encuentra. Además, lo hizo en solo unas horas. El elemento principal es un palé europeo con el que uno se puede tropezar casi en cualquier parte, incluso en el otro lado del planeta. (Un palé europeo es un palé de madera con cinco listones largos en la parte superior). «Se pueden conseguir palés normales en muchas tiendas de saldos, en mercados o en almacenes. A menudo incluso los regalan. Montar esta silla me vino bien como ejercicio. La hice en el jardín de mis suegros».

Martino Gamper, a medio camino entre el arte y el diseño, está considerado como un individualista que cree que el humor es más importante que el dogma de la funcionalidad. Cuando estaba estudiando con Ron Arad en el Royal College of Art su trabajo ya tenía carácter interdisciplinar. Ahora diseña exposiciones e instalaciones, da clases y trabaja para empresas como Magis o Moroso. Nacido en Italia, vive y trabaja en Londres.

## ¿QUÉ NECESITA?

Palé europeo de madera. Clavos.
Sierra. Martillo.
Cinta métrica. Papel de lija.

# INSTRUCCIONES

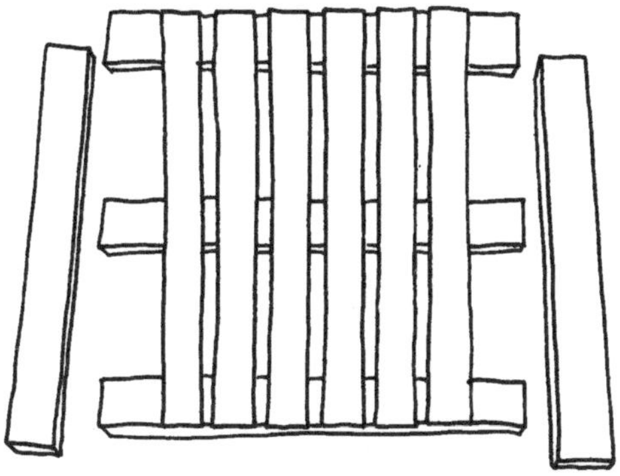

1. Retire los dos listones laterales del palé.

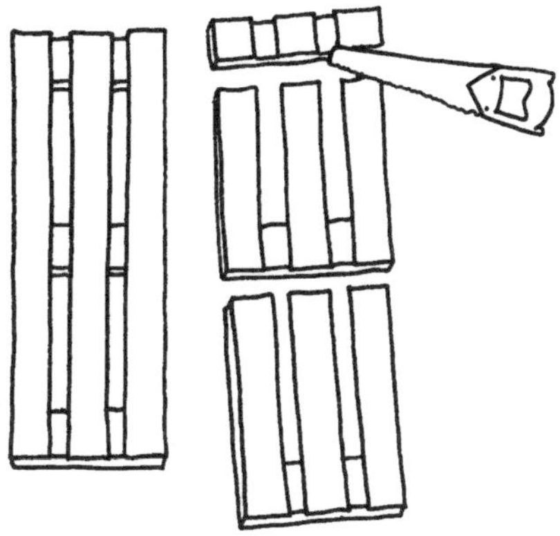

2. Sierre el palé como se indica en el dibujo.

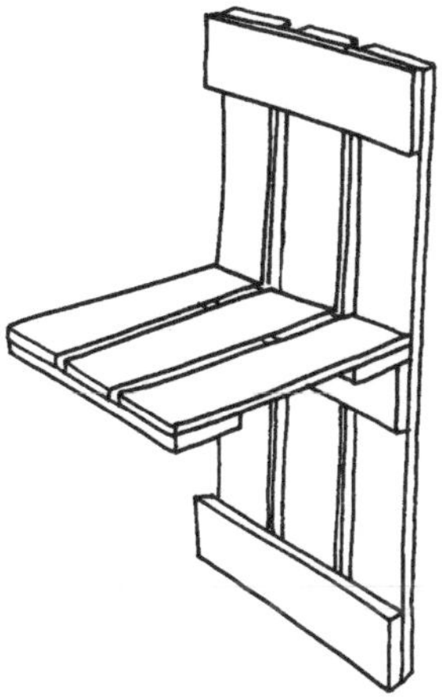

3. Coloque el asiento en el soporte central del palé y clávelo por detrás.

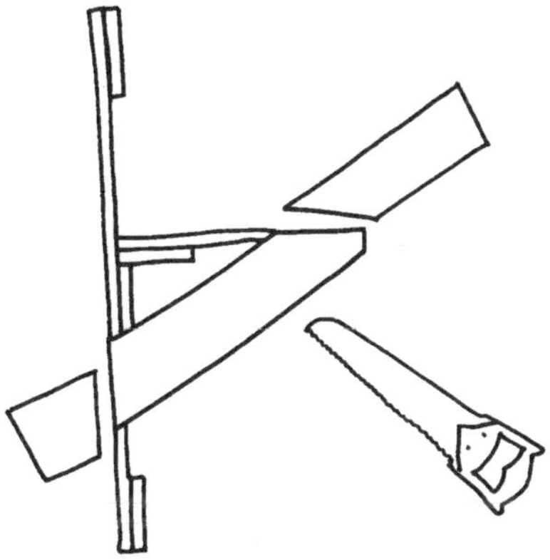

4. Corte trozos de los listones restantes para apuntalar el asiento. Clávelos o atorníllelos.

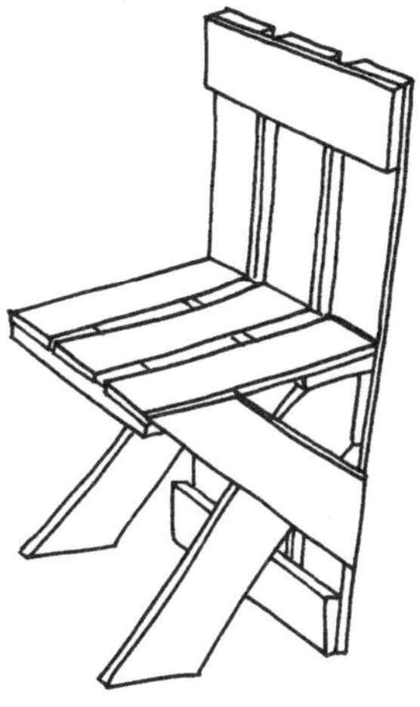

5. Lije los bordes.

| COSTE | PLANTEL DE | TIEMPO |
|---|---|---|
| 7 US$ / 5£ / €6 | Michael Anastassiades | 20 min |

# BOSQUE FLOTANTE

**La idea de estos tres planteles de cristal se le ocurrió a Michael Anastassiades al ver una obra del diseñador sueco Estrid Ericson. Era un jarrón en el que se podían dejar germinar las bellotas durante el invierno: «Me encantó la sencilla poesía de este objeto. Encarnaba la esperanza de una primavera temprana, sobre todo en un país con inviernos tan largos y oscuros». Las tres variantes de Anastassiades incluyen una bellota o un hueso de aguacate colocados en un jarrón de vidrio que flotan verticalmente sobre el agua. Así es posible observar cómo se va desarrollando la planta hasta que tiene la fuerza suficiente para trasplantarla.**

Michael Anastassiades nació en Chipre en 1967. Es famoso por sus diseños de iluminación y mobiliario para hoteles, restaurantes, tiendas y hogares de todo el mundo. Sus diseños para clientes como FLOS, Swarovski o el Victoria and Albert Museum de Londres siempre superan los límites del diseño industrial, la escultura y las artes decorativas. Anastassiades vive en Londres, donde dirige su propio estudio de diseño desde 1994.

# ¿QUÉ NECESITA?

Varillas de metal. Aro de goma. Malla de ajos. Jarrón de vidrio. Brida. Cúter. Regla. Goma elástica. Almohadilla de corcho. Bellota. Hueso de aguacate.

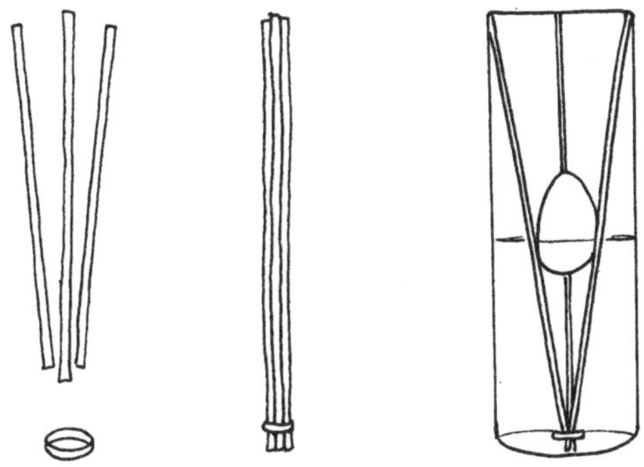

Versión 1. Sujete tres varillas de metal con un aro de goma y dispóngalas en el centro del jarrón formando una pirámide invertida. Coloque el hueso de aguacate y vierta agua hasta cubrir la mitad del hueso.

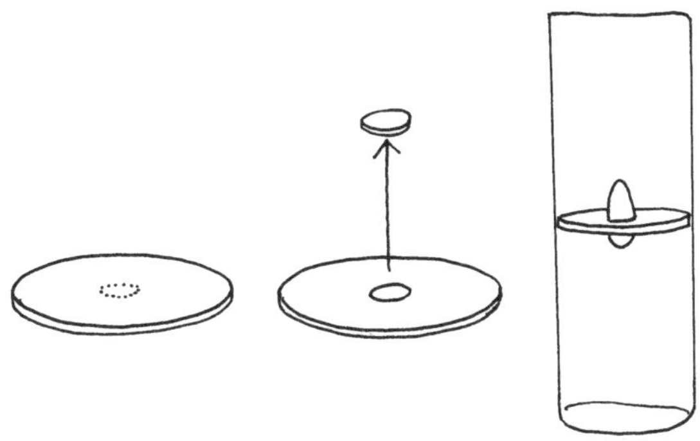

Versión 2. Corte la almohadilla de corcho de modo que encaje en el jarrón y pueda flotar sobre el agua. Haga un agujero en el centro. Inserte la bellota y llene de agua el jarrón.

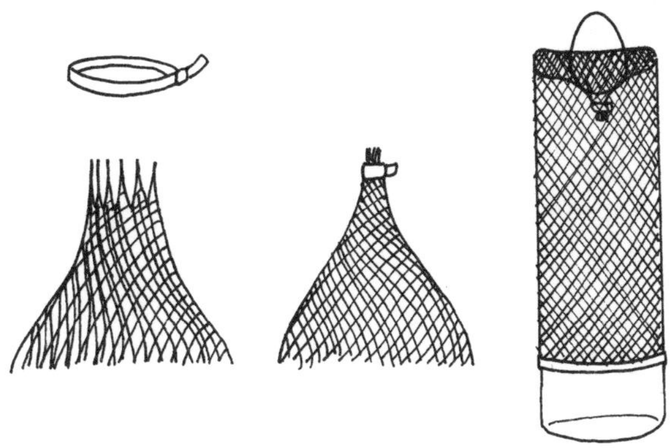

Versión 3. Ponga la malla de ajos sobre el jarrón. Ate la parte superior con una brida. Coloque encima el hueso de aguacate. Vierta agua hasta que toque el hueso.

COSTE

US$ 50 / £ 33/44 €

LÁMPARA DE PARED DE

## Team Ingo Maurer

TIEMPO

60 min

# USTED MISMO

Esta lámpara queda bien sobre una mesa, junto a la cama o detrás de un sillón. Se puede colocar arriba, hacia un lado o alejada de la pared. El elemento principal es un limpiacristales de neopreno atado a un palo de escoba. «Nos atrajo la idea de diseñar un producto sencillo que se pudiera montar en casa, pero que no pareciese de bricolaje. A menudo la belleza de los objetos que se consideran cotidianos no se revela hasta que se sacan de su contexto habitual y se les asignan nuevas funciones». La idea también se puede aplicar a esta lámpara, que además sirve para limpiar el suelo si la bañera se desborda.

Team Ingo Maurer es la *familia laboral* de Ingo Maurer: catorce diseñadores, arquitectos, artistas y autodidactas que producen y desarrollan ideas y diseños para él. Maurer es uno de los diseñadores de iluminación más influyentes hoy en día. Su lámpara Bulb forma parte de la colección permanente del Museum of Modern Art de Nueva York desde 1969. En 2010 el Estado alemán le concedió un premio de diseño por el conjunto de su obra.

# ¿QUÉ NECESITA?

Taladro. Palo de escoba. Casquillo. Enchufe. Interruptor. Cable. Limpiacristales de neopreno. Bombilla PAR38. Tacos. Escarpias.

## INSTRUCCIONES

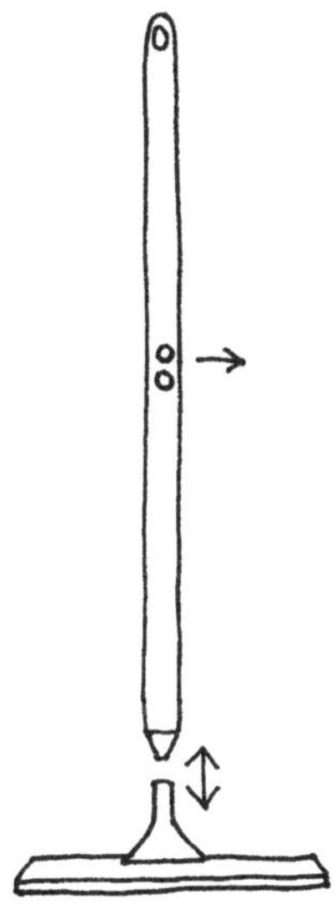

1. Haga dos agujeros del mismo diámetro que el cable en el centro del palo.

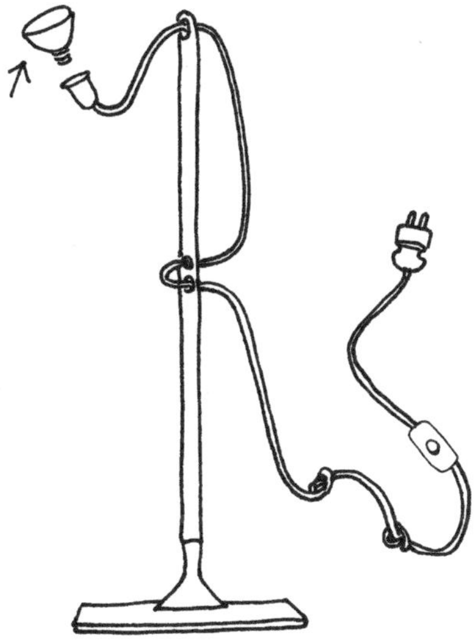

2. Pase un cable de unos 4 metros por ambos orificios. Haga dos nudos en el cable a unos 60 centímetros del palo. Coloque el casquillo, el interruptor y el enchufe.

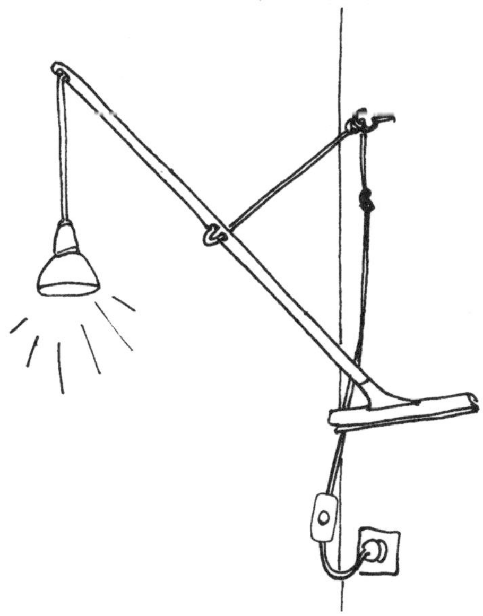

3. Atornille una escarpia a la pared, cuelgue la lámpara como se indica en el dibujo, enrosque la bombilla y enciéndala.

COSTE

5 US$ / 3£ / €4

JABÓN DE

# John Baldessari

TIEMPO

5 min

# EL JABÓN ACABA SIEMPRE QUEDÁNDOSE EN NADA

El sentido del humor es una poderosa fuerza artística. Marcel Duchamp y Martin Kippenberger lo sabían, y John Baldessari, el gran artista conceptual californiano, también. Poco les importan los límites que imponen los géneros y se ríen del arte que se toma a sí mismo demasiado en serio. Baldessari creó este proyecto con Molly Berman. Hacer un agujero en una pastilla de jabón para que escape a su destino de convertirse en algo que se acaba tirando podría considerarse una ironía sobre el consumo desenfrenado. Pero también muestra que el diseño de los jabones tiene un defecto inherente.

John Baldessari nació en National City (California). Estudió en la Universidad Estatal de San Diego y después de licenciarse trabajó en el Otis College of Art and Design. El arte de Baldessari, que incluye pintura, fotografía, grabado, cine, instalaciones y escultura, sido objeto de más de doscientas exposiciones individuales en Estados Unidos y Europa. En 2009 obtuvo el León de Oro de la Bienal de Venecia, el mayor reconocimiento del mundo del arte. Vive y trabaja en California.

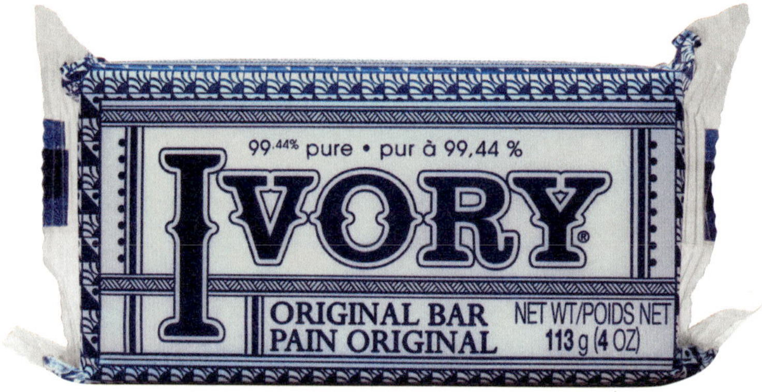


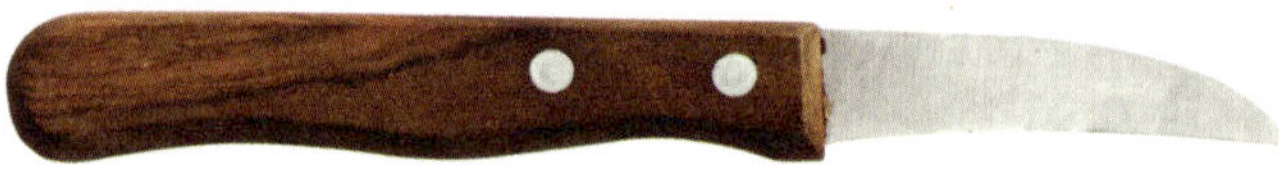



Jabón. Cuchillo.

# INSTRUCCIONES

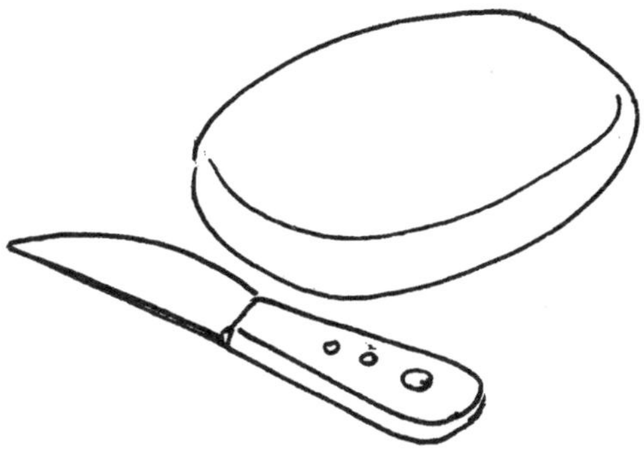

1. Coja el cuchillo. Coja el jabón.

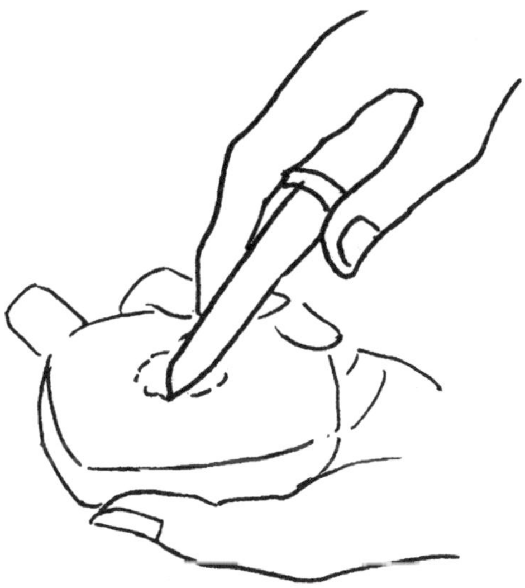

2. Haga un agujero en el jabón.

3. Sonría.

COSTE

40 US$ / 26 £ / 35 €

LÁMPARA DE SOBREMESA DE

## Jean-Marie Massaud

TIEMPO

20 min

# MAGNETO

Una pala pequeña no suele ver mucho la luz. Su mundo está en las oscuras carboneras, entre el polvo y el hollín. Pero este tipo de evidencias nunca han impedido que el diseñador y arquitecto francés Jean-Marie Massaud las cuestione. Encontró todas las piezas de esta lámpara en la sección de electrodomésticos de los grandes almacenes BHV de París. En su diseño, gracias a dos imanes unidos por una bisagra, la pala se ha transformado en una pantalla, y así, en contra de su naturaleza, irradia luz. Parece como si su forma característica hubiera sido ideada para este fin. Por supuesto, esta lámpara de mesa se puede fabricar con cualquier otro tipo de recogedor metálico.

Jean-Marie Massaud nació en Toulouse (Francia). Comenzó su carrera en 1990 y ha trabajado en proyectos muy diversos: desde estadios hasta muebles, desde diseños puntuales hasta proyectos en serie, desde el macroentorno hasta los microcontextos. Axor, Cassina, Poliform, Toyota y otras grandes marcas han recurrido a su capacidad de combinar comodidad y elegancia, *Zeitgeist* y patrimonio, generosidad y distinción. Vive y trabaja en París.

# ¿QUÉ NECESITA?

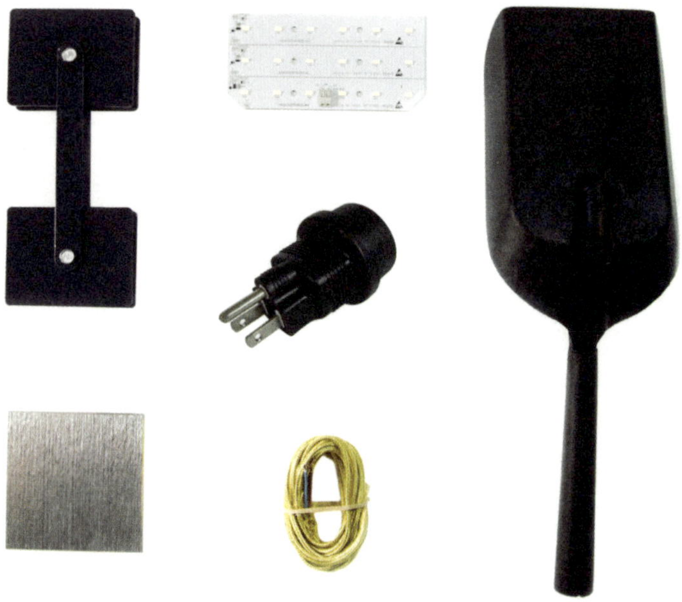

Soporte magnético doble articulado GYS.
Placa y transformador para leds. Enchufe. Pala de hierro para carbón. Placa de metal de 100 × 100 × 6 mm. Cable. Pegamento. Destornillador. Cúter. Taladro. Broca para hierro de 6 mm.

# INSTRUCCIONES

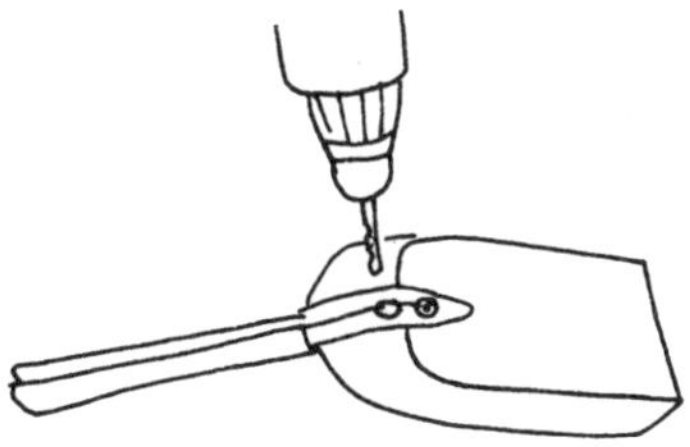

1. Haga un agujero en la pala por el que pueda para pasar el cable.

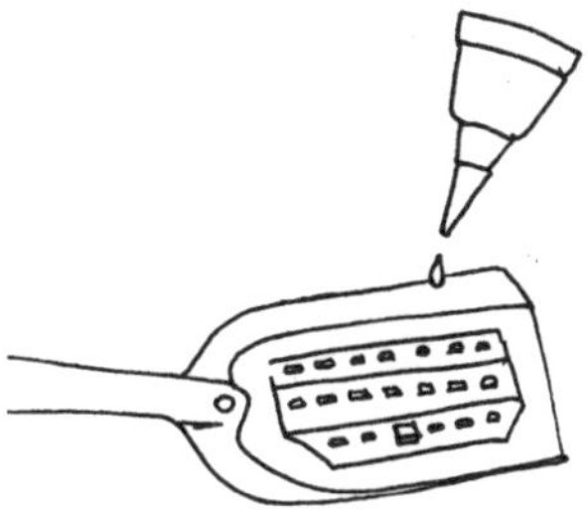

2. Pegue la placa de leds en la parte interior de la pala.

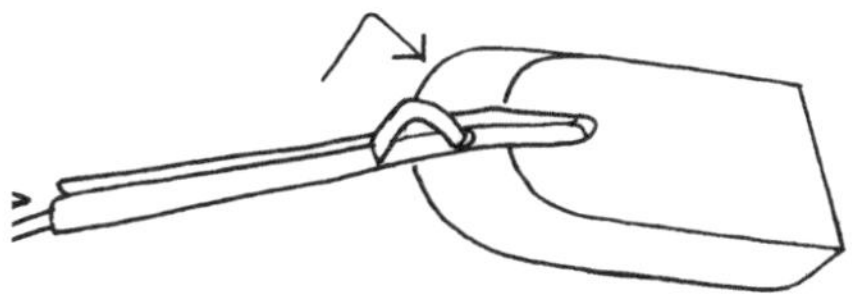

3. Pase el cable de alimentación por la abertura del asa y por el agujero que ha realizado.

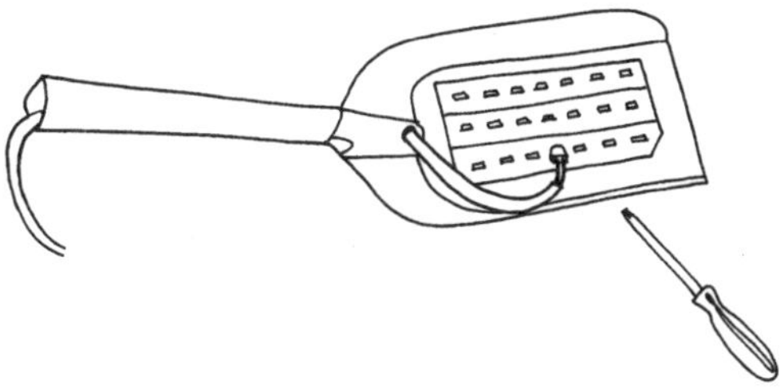

4. Conecte el cable de alimentación a los leds.

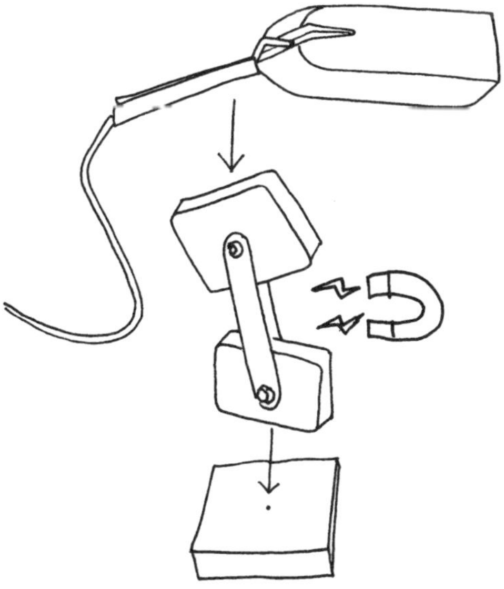

5. Una los imanes a la pala y coloque el conjunto sobre la placa de metal.

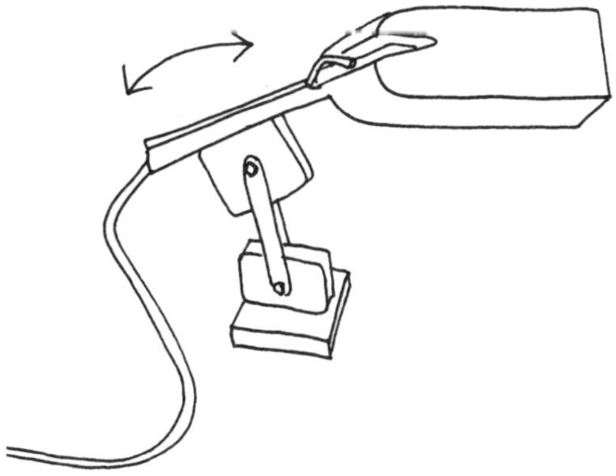

6. Ya puede utilizar la lámpara y ajustar su altura y posición.

COSTE
60 US$ / 40 £ /53 €

ORGANIZADOR DE ESCRITORIO DE
## Ladies & Gentlemen

TIEMPO
90 min

# PLAYSCAPE

**Playscape representa una parte fundamental del proceso creativo de L & G: muchos de sus diseños surgen al combinar materiales al azar, creando armonías inesperadas. Playscape es uno de esos experimentos. Todos los materiales necesarios se pueden encontrar en ferreterías y tiendas de manualidades. La unión de geometrías abstractas y formas austeras da como resultado un objeto funcional pero cálido, un homenaje a los materiales y las formas elementales. Con esta combinación se crea una plataforma flexible para depositar y mostrar objetos cotidianos en una mesa, un tocador o un escritorio. Cada cual puede adaptar a sus necesidades y caprichos la disposición, el tamaño o los materiales.**

Ladies & Gentlemen es un estudio de diseño con sede en Seattle que crea pequeños objetos, artículos para el hogar, joyas, muebles y lámparas. Fundado en 2010 por Dylan Davis y Jean Lee, el estudio investiga la materia y mezcla la curiosidad con el deseo de encontrar combinaciones inesperadas de materiales y funciones. Su visión multidisciplinar del diseño suscita muchas ideas y experimentos en constante evolución que surgen de sus descubrimientos y de su entorno cotidiano.

# ¿QUÉ NECESITA?

Azulejo de mármol de 30,5 × 30,5 cm. Esfera de madera de 6,5 cm de diámetro. Disco de madera de 2 cm altura × 6 cm de diámetro. Tubo de cobre o latón de 10 cm de largo × 6,5 cm de diámetro. Barra de latón de 127 × 9 × 9 mm. Lana de acero fina. Cono de madera de 7,5 cm de altura y 5 cm de diámetro. Lija al agua/en seco de grano 150. Tornillos de cabeza de botón para madera de 2 cm de largo con arandelas pequeñas. 3 tornillos para madera de 2 cm. Trapo. Tacos de goma. Epoxi. Bandeja más grande que el azulejo. Sierra para metal. Lápiz. Destornillador. Taladro. Broca de mampostería de 9 mm.

# INSTRUCCIONES

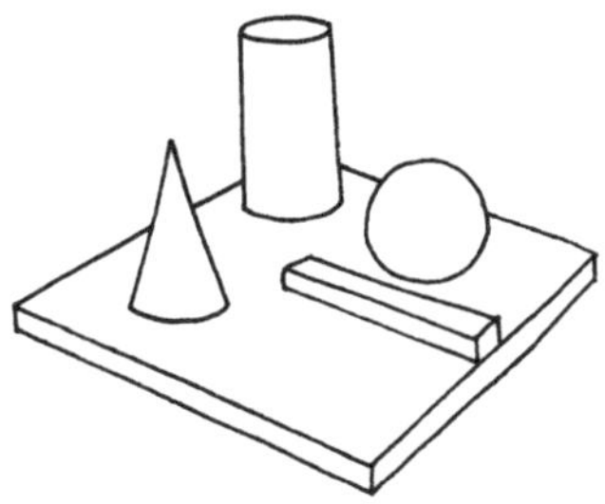

1. Corte el tubo, la barra de latón y los trozos de madera con las dimensiones especificadas o pida que lo hagan en la ferretería.

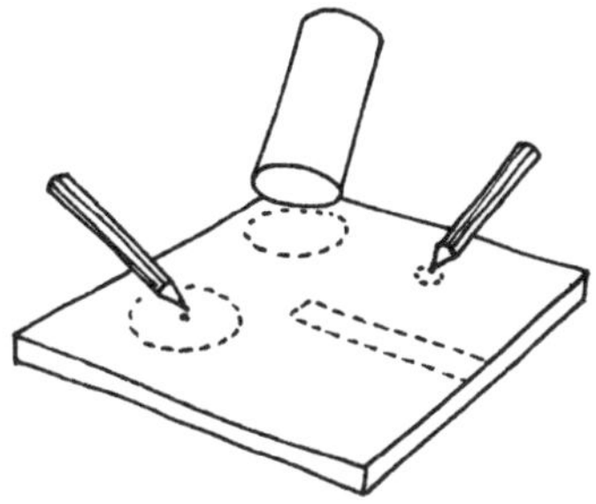

2. Lije los cortes hasta que queden suaves y la parte inferior de la esfera de madera hasta que tenga una base plana de al menos 2 centímetros de diámetro para apoyarla sobre el azulejo. Lije también los lados del disco hasta que se ajusten al interior del tubo. Pula las superficies metálicas con lana de acero.

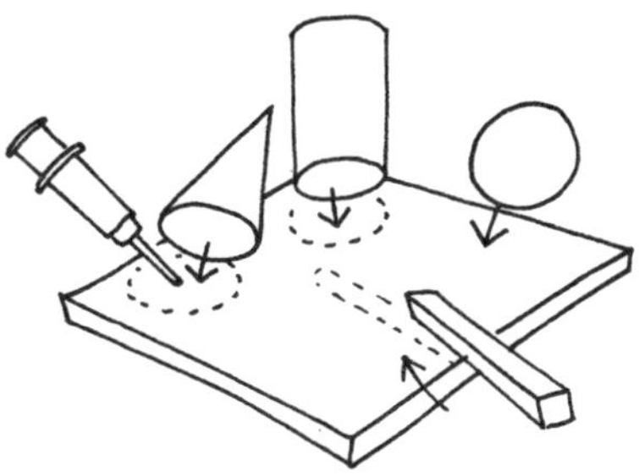

3. Coloque las piezas sobre el azulejo para crear la composición que desee. La esfera debe quedar a 2,5 centímetros de uno de los lados de la barra de latón. Trace las formas en el azulejo con un lápiz. Marque el centro del cono, el de la esfera y el del disco.

4. Llene la bandeja de agua, sumerja el azulejo y taladre con cuidado en los puntos marcados desde el lado brillante. Pare de vez en cuando para asegurarse de que la broca sigue húmeda y no se sobrecalienta. Lije los bordes para eliminar virutas y marcas de sierra. Limpie y seque la superficie del azulejo.

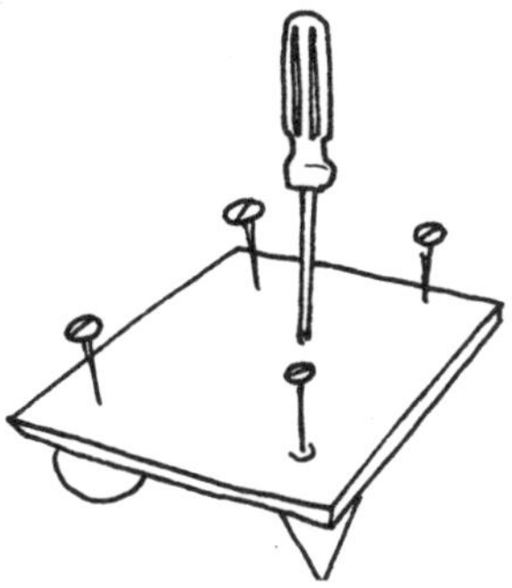

5. Atornille las piezas desde la parte inferior del azulejo. Coloque el tubo sobre el disco de madera.

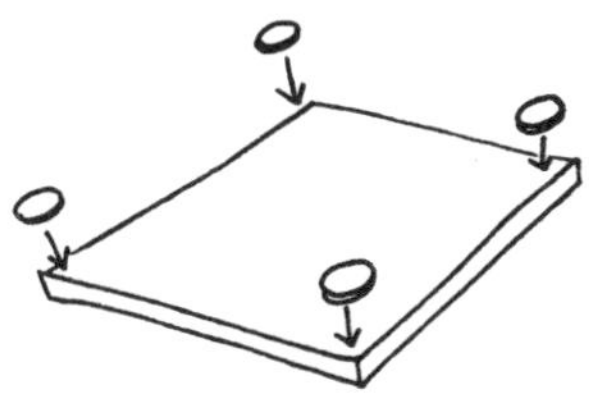

6. Pegue la barra metálica con epoxi en el lugar marcado. Si lo desea, pegue el tubo de cobre al disco. Coloque los topes de goma en la base de la baldosa.

COSTE

20 US$ /13 £ /17 €

RELOJ DE PARED DE

Nitzan Cohen

TIEMPO

60 min

# YA ES HORA

**Los relojes rigen nuestras vidas y las encajan en un molde global. Funcionan igual en todas partes: en la muñeca, en la estación de tren, en la mesita de noche... Nitzan Cohen se ha rebelado contra esta normalización y ha diseñado un reloj minimalista que nos anima a encontrar nuestro propio ritmo. «Nuestro tiempo nunca es universal, siempre es personal, así que la forma de este reloj se ajusta a las necesidades de cada uno», dice Cohen. Consta de solo dos elementos: un sencillo mecanismo de relojería y una manecilla diseñada por Cohen. Cada uno puede concebir su propia esfera. El montaje solo debería plantearnos una duda: ¿qué es lo que nos hace funcionar?**

Nitzan Cohen nació en el kibutz Hazorea (Israel), estudió Diseño en Tel Aviv y Eindhoven y ha trabajado como jefe de proyectos en el estudio de Konstantin Grcic. En 2007 fundó el estudio Nitzan Cohen en Múnich en búsqueda de un enfoque multidisciplinar y anticonsumista. Entre sus clientes se encuentran empresas como Authentics, el grupo BMW, Diesel, Konica Minolta o Thomas/Rosenthal. Da clases de Diseño Industrial en la Universidad Saar de Bellas Artes de Sarrebruck.

# ¿QUÉ NECESITA?

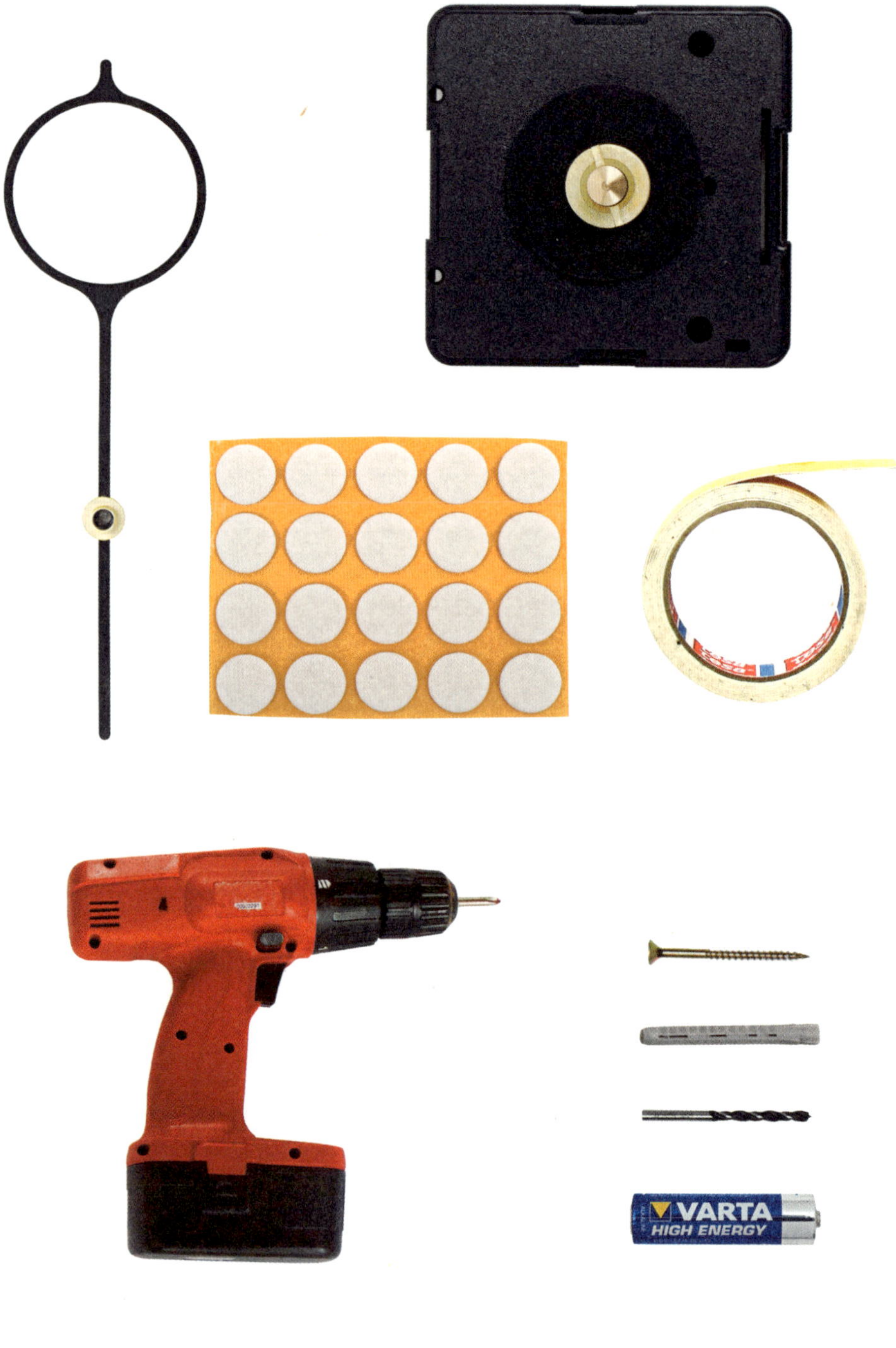


Manecilla de reloj (de shapeways.com; término de búsqueda: Nitzan Cohen). Mecanismo de relojería. Topes de fieltro. Cinta adhesiva de doble cara. Taladro. Tornillo. Taco. Pila AA.

# INSTRUCCIONES

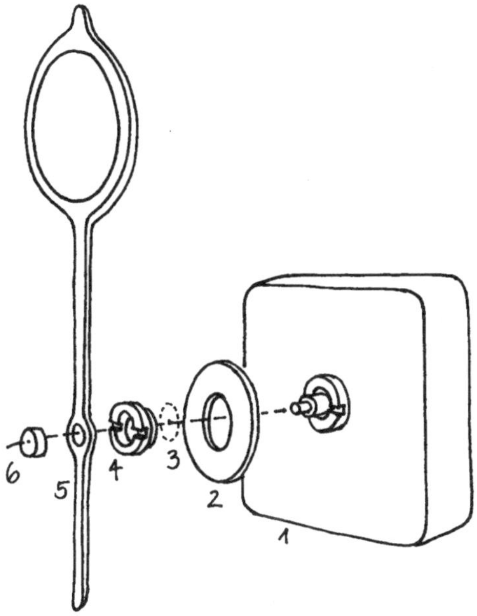


Monte la base del reloj:
1. Mecanismo de relojería.
2. Arandela.
3. Esfera (su propio diseño).
4. Tornillo.
5. Manecilla.
6. Tapa (puede ser de segunda mano).

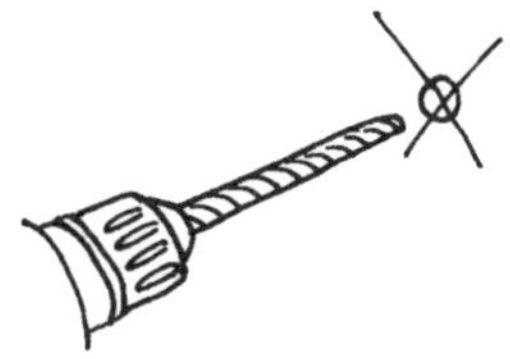

1. Haga un agujero en el lugar donde desee colgar el reloj.

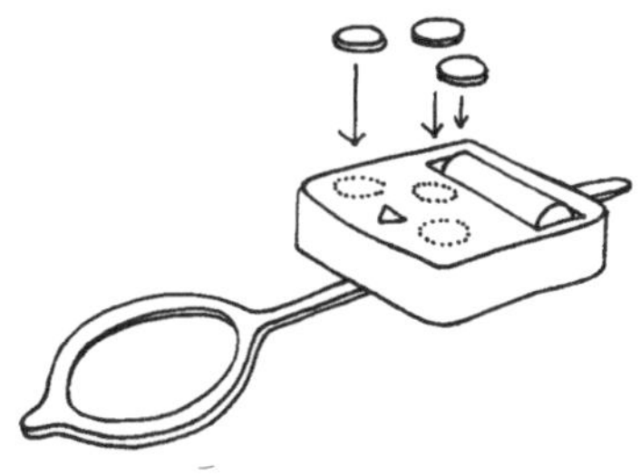

2. Monte el taco y el tornillo en la pared. La cabeza del tornillo debe quedar a unos 5 milímetros de la pared.

3. Sujételo a la pared con un trozo de cinta adhesiva de doble cara pegado en la parte trasera del mecanismo.

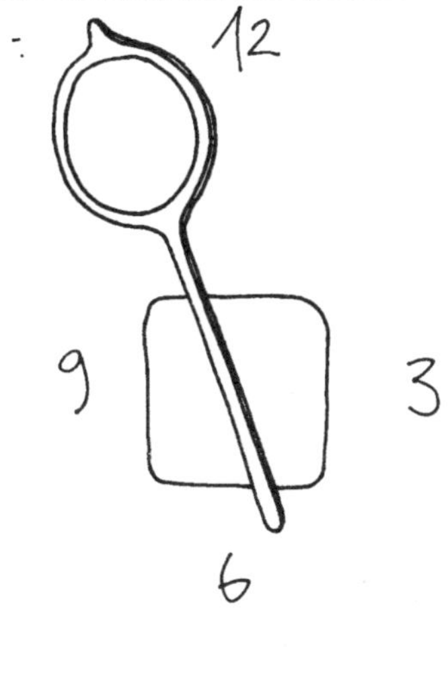


4. Otra opción es pegar los tacos de fieltro en la parte trasera del mecanismo (así será más fácil fijarlo a la pared)

5. Diseñe su propia esfera o un fondo para el reloj. Puede encontrar ayuda para colocarlo y marcarlo en nitzan-cohen.com. Monte la esfera.

COSTE
60 US$/ 40 £ / 53 €

LÁMPARA DE PIE DE
**Ross Lovegrove**

TIEMPO
60 min

# FATTO DI GIORNO

**Esta lámpara es un homenaje de Ross Lovegrove al diseñador italiano Ettore Sottsass, cofundador del movimiento Memphis. Consta de un tubo fluorescente y seis cubos de plástico unidos mediante cables. La luz amarilla verdosa tiene un efecto refrescante y la atrevida forma rinde tributo al lúdico estilo del grupo Memphis. *Fatto di giorno* significa 'hecho en el día'. Lovegrove dice: «Cuando veo que solo puedo crear de un modo reflexivo, lo que hago es salir, mirar y actuar de forma independiente. Creo que todos los diseñadores deberían tomarse en serio la cultura del *ready-made* a lo largo de su vida creativa, porque libera la mente de los cálculos y se parece más al arte por su espontaneidad y su singularidad».**

Ross Lovegrove nació en Cardiff (Gales). En 1983 terminó sus estudios de Diseño en el Royal College of Art de Londres. Su trabajo abarca desde *walkmans* para Sony y ordenadores para Apple hasta muebles, cámaras, coches, trenes y elementos arquitectónicos. Ha recibido numerosos premios internacionales y su obra ha aparecido en muchas publicaciones y ha sido expuesta en centros como el Museum of Modern Art y el Guggenheim Museum de Nueva York o el Design Museum de Londres.

# ¿QUÉ NECESITA?

Tubo fluorescente de 170 cm.
6 cubos de plástico de colores con tapa: 2 pequeños (7 litros),
2 medianos (13 litros) y 2 grandes (20 litros). Bridas de plástico. Taladro.
Broca Forstner del mismo diámetro que el tubo fluorescente. Broca.

# INSTRUCCIONES

1. Retire las asas de los cubos.

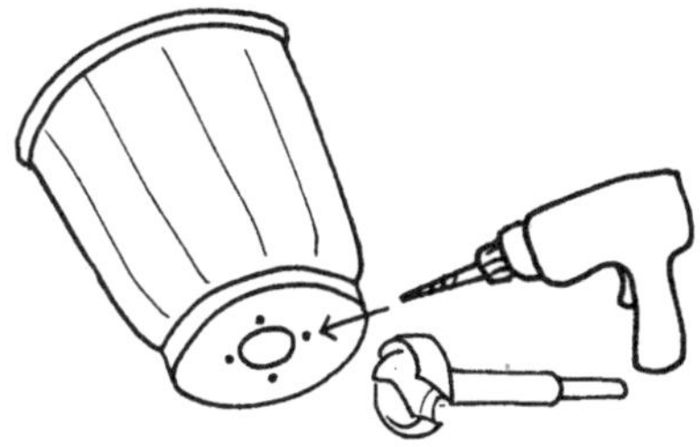

2. En el centro de la base de cada cubo haga un agujero lo bastante grande para que pase el fluorescente. Alrededor de ese agujero haga cuatro orificios (cada 2 o 3 centímetros) para las bridas con las que se unirán los cubos.

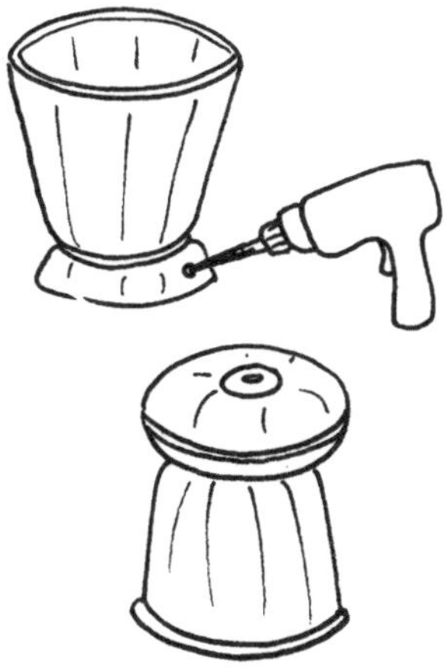

3. Haga un agujero en la tapa por el que se pueda pasar el cable.

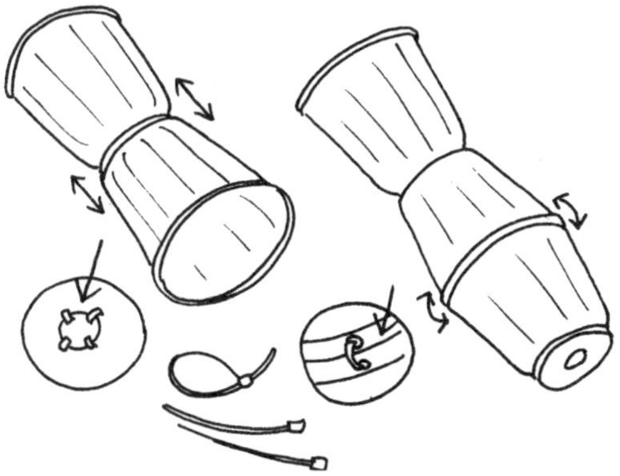

4. Monte la lámpara y una los cubos con las bridas. Utilice dos tapas como cierre y una como plataforma.

5. Introduzca el cable y el fluorescente en la lámpara. Conecte el tubo a la red.

COSTE
80 US$ / 50 £ / 70 €

SILLA DE
Christoph Böninger

TIEMPO
90 min

# SILLA CARRETILLA

A Christoph Böninger se le ocurrió la idea de hacer esta silla al ver una foto de un aldeano afgano sentado en una carretilla. «La idea me deslumbró, y el hombre parecía tan relajado que tuve que ponerla en marcha enseguida». La silla está construida con la bandeja de una carretilla atornillada a una estructura de madera. Tanto la bandeja como los listones se pueden conseguir en una ferretería o en una tienda de jardinería. La silla se completa con una manta para apoyar la espalda y un cojín para sentarse. Es excelente como mueble de jardín porque resiste a la intemperie, pero también queda bien como elemento llamativo en el salón.

Christoph Böninger estudió Diseño Industrial en Múnich y Diseño Ambiental en Los Ángeles. En 1982 diseñó el primer ordenador portátil del mundo, que ahora se exhibe en la Pinakothek der Moderne de Múnich. Durante muchos años trabajó para Siemens a la vez que diseñaba muebles para firmas como ClassiCon. Ha publicado el libro *Form:Ethik* y en 2010 se asoció con unos amigos para crear la empresa Auerberg, un «laboratorio de productos al margen de las normas industriales y las modas establecidas».

# ¿QUÉ NECESITA?

Listones de madera cortados a la medida: una pieza de 30 cm de largo, dos de 75,5 cm, dos de 64 cm y dos de 43,5 cm (estas últimas, cortadas con un ángulo de 45° en un extremo y una incisión en ángulo recto en el otro).
Cojín. Tornillos. Manta. Bandeja de carretilla.
Broca de 6 mm. Sierra.

# INSTRUCCIONES

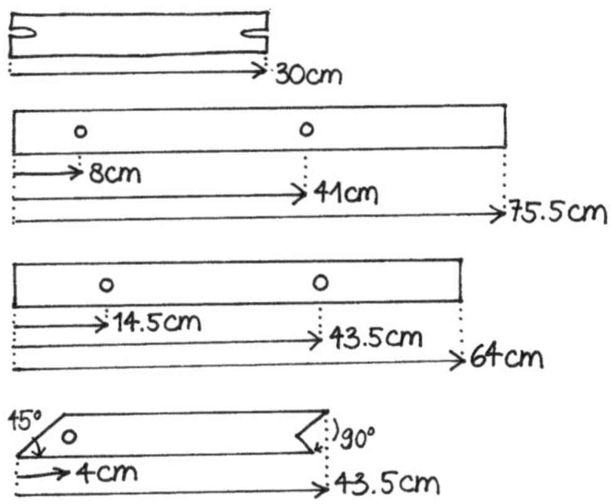


1. Haga los siguientes agujeros en los listones: a 8 y 41 centímetros del extremo en los de 75,5 centímetros; a 14,5 y 43,5 centímetros del extremo en los de 64 centímetros; a 4 centímetros del extremo oblicuo en los de 43,5 centímetros.

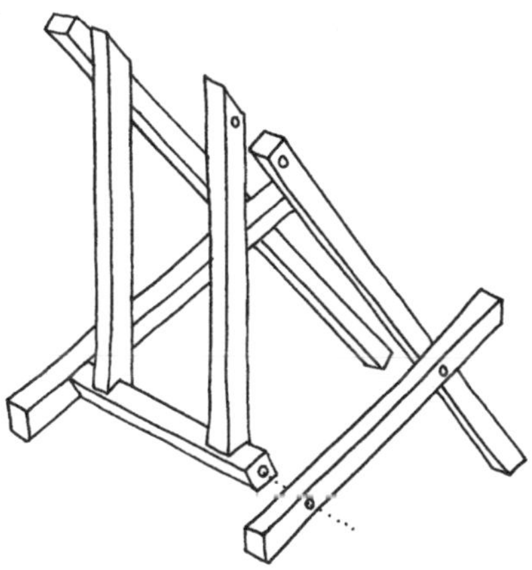

2. Atornille las piezas como se indica en el dibujo.

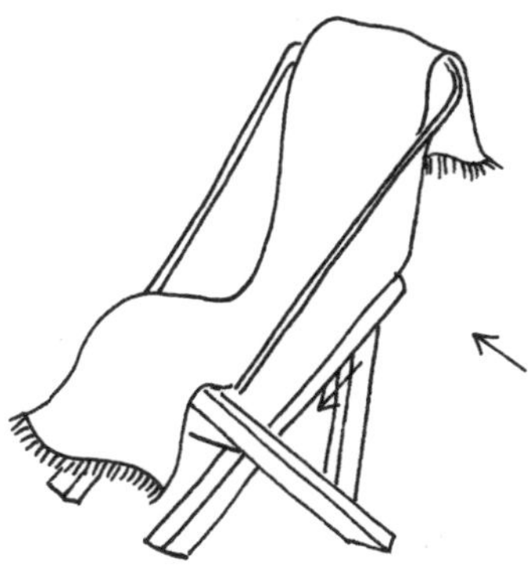

3. Haga cuatro agujeros en la bandeja de la carretilla, en los puntos en los que se apoyará sobre las barras traseras. Elija una manta y un cojín, coloque la bandeja y relájese.

COSTE

60 US$ / 40 £ / 53 €

LÁMPARA DE TECHO DE

## Yves Béhar

TIEMPO

90 min

# AMPLIFY

**Las lámparas de techo suelen estar hechas con muchas luces y cristales, pero Yves Béhar quería cambiar esta fórmula. Su lámpara Amplify, diseñada para la empresa austriaca Swarovski, solo tiene un cristal, una bombilla led de bajo consumo y una pantalla de papel de muchas caras. El resultado son unos bellos reflejos y unos destellos irisados —lo que se espera cuando hay muchos cristales— que se consiguen amplificando el efecto de un solo cristal. «El objetivo de nuestro trabajo es intentar lograr la máxima eficacia con la mínima cantidad de materiales y energía: diseñar de un modo consciente y concienzudo, pero sin perder de vista el valor de la belleza». Esta lámpara se puede personalizar con cualquier pieza de cristal, incluso de colores.**

Yves Béhar es el fundador y presidente de Fuseproject, una empresa de diseño y *branding* creada en 1999. Su proyecto humanitario One Laptop Per Child ha donado dos millones y medio de ordenadores portátiles para niños de países en desarrollo, así como gafas para escolares de México y California. Ha recibido más de doscientos premios y aparece en la lista de los veinticinco grandes visionarios del mundo que publicó la revista *Time*. Según *Forbes*, Béhar es «el diseñador industrial más influyente del mundo».

Papel grueso translúcido. Cúter. Regla grande. Casquillo con cable, enchufe y aro de sujeción. Anillo de cartón para fijar cristal. Bombilla led. Cristal. Alambre flexible.

# INSTRUCCIONES

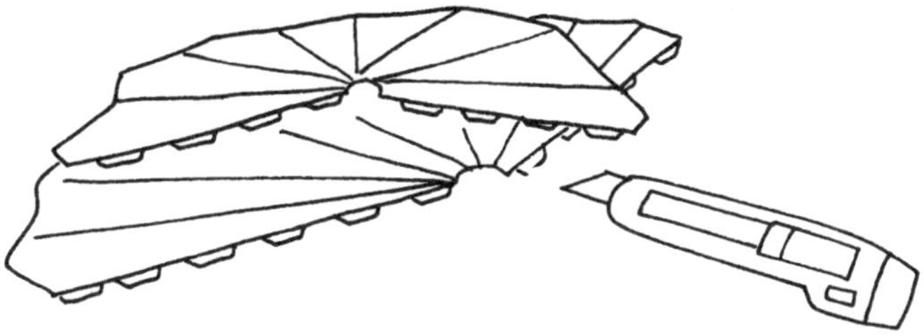

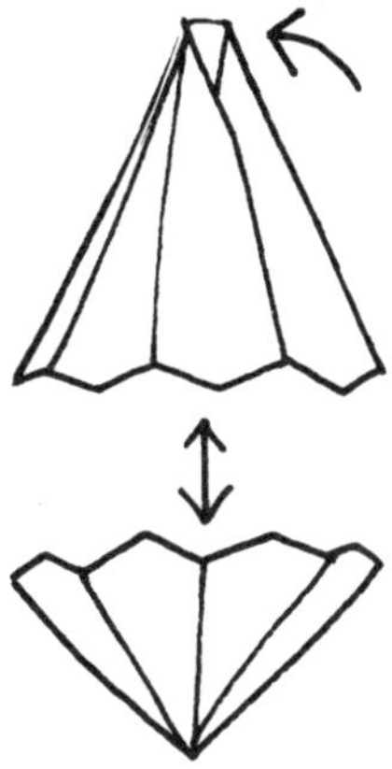

1. Escanee la plantilla de la página 213 y amplíela al 500% (5 veces) para conseguir el tamaño correcto, o descárguela en phaidon.com/diy. Imprímala sobre el papel translúcido. Marque los pliegues siguiendo las líneas de la plantilla.

2. Monte las dos mitades de la pantalla por separado. Alinee los bordes opuestos e inserte las lengüetas en las ranuras correspondientes. Deje algunas lengüetas de la mitad superior entreabiertas y una las dos mitades.

3. Coloque el anillo de cartón sobre la unión y enrosque el aro de sujeción. Fije el alambre y el cristal pasando el alambre por los dos orificios del anillo de sujeción del cristal. Realice el ajuste necesario para que el cristal cuelgue justo bajo la luz.

4. Doble con cuidado la abertura superior de la pantalla alrededor del soporte de luz y cristal. Cierre el último borde con las lengüetas restantes. Enderece la lámpara y haga los ajustes necesarios. Conecte el cable a la corriente.

| COSTE | TÍTERE DE TELA DE | TIEMPO |
|---|---|---|
| 15 US$ / 10 £ / 13 € | Ai Weiwei | 90 min |

# CAONIMA

A primera vista, estos títeres de calcetín parecen simples juguetes infantiles. Pero, como suele suceder con la obra del artista conceptual chino Ai Weiwei, las apariencias engañan. En 2009 el vídeo de una inocente canción infantil donde aparecían alpacas pastando se hizo viral en YouTube. En China hay un tipo de alpaca llamado *caonima*, palabra que en mandarín es también una forma bastante grosera y popular de insultar a la madre de alguien. En unos días la alpaca se había convertido en una forma de hacer un corte de mangas simbólico a la censura de Internet en China. Desde entonces Ai Weiwei ha sacado un gran partido a este tema, y este títere es un ejemplo de ello.

Ai Weiwei nació en Pekín y está considerado como el artista chino más importante hoy en día. Su obra, que abarca diversas disciplinas —fotografía, instalaciones y escultura—, arroja una mirada crítica sobre la explotación, la contaminación y la violación de los derechos humanos en su país natal. Ai participó en el diseño del Estadio Nacional de Pekín —conocido como *Nido de Pájaro*—. En 2012 ganó el Premio Václav Havel a la disidencia creativa. Vive en libertad en Pekín, pero no le está permitido viajar al extranjero.

# ¿QUÉ NECESITA?

Calcetín (viejo). Tijeras. Rotulador.
Aguja de coser. Botones (para los ojos). Alubias secas.
Guata o algodón. Hilo.

# INSTRUCCIONES

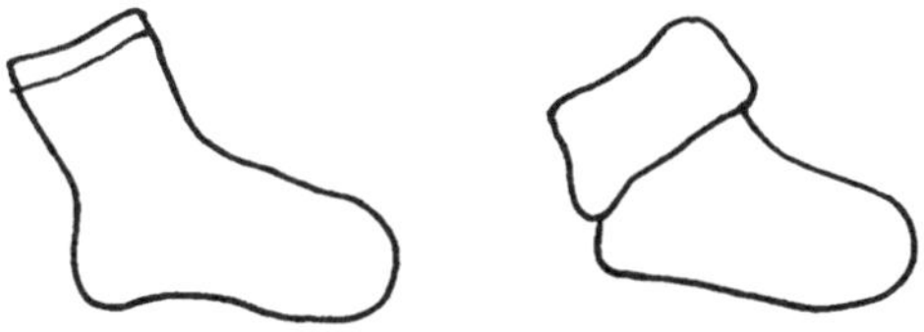

1. Elija unos calcetines y deles la vuelta.

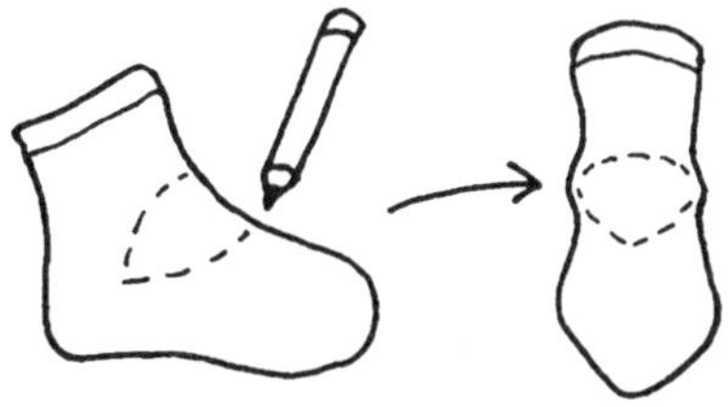

2. Marque la primera zona para coser con un rotulador.

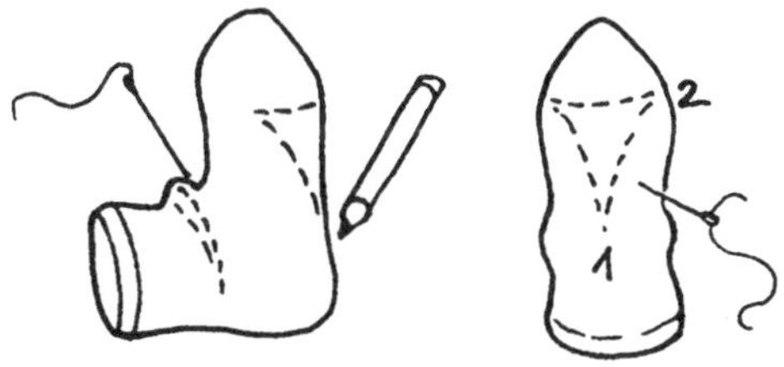

3. Cosa por las marcas para que los calcetines queden formando un ángulo recto. Marque la segunda zona en la suela y cósala.

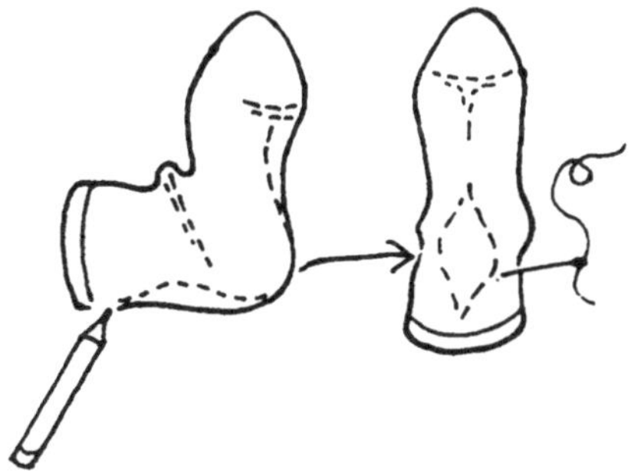

4. Marque la tercera zona y ciérrela también con aguja e hilo.

5. Dele la vuelta al calcetín. Rellénelo de guata y añada las alubias para que tenga peso.

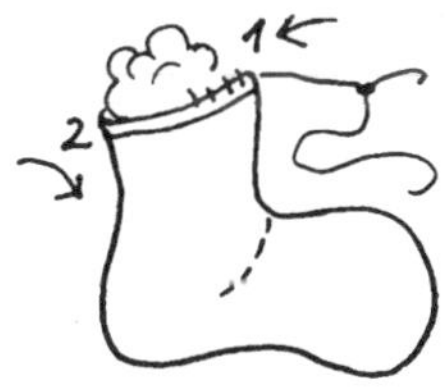

6. Termine con una capa de guata para evitar que se salgan las alubias. Cosa la abertura para cerrarla.

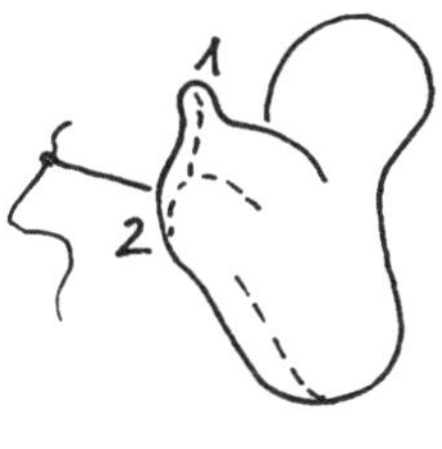

7. Cosa la parte trasera en dos pasos, desde el punto 1 al punto 2.

8. Marque el lugar para los ojos y cosa los botones. Saque dos orejitas encima de los ojos y fíjelas con unas puntadas.

COSTE

35 US$ / 22 £ / 30 €

PERCHERO DE

## Sebastian Bergne

TIEMPO

60 min

# PERCHERO

**La forma de un cubo viene determinada por su función, que deja poco espacio para los cambios, y esto hace que resulte más interesante darle un uso diferente y convertirlo en parte de un diseño. «Este perchero es el resultado de una cuidadosa improvisación, no de un diseño riguroso. Me gusta la idea de colocar en medio de una habitación un objeto reconocible pero de una forma inesperada. En este caso es un cubo de plástico. Su diseño, su solidez y su calidad son los que definen la geometría y la estabilidad del perchero». No hace falta decir que merece la pena escoger con mucho cuidado este componente clave.**

Sebastian Bergne nació en Teherán. Se graduó en el Royal College of Art de Londres, ciudad en la que en 1990 fundó su estudio de diseño. Sus artículos de uso cotidiano y sus muebles para empresas como Authentics, Habitat o Vitra han obtenido numerosos premios y forman parte de las colecciones de varios importantes museos. Con una visión humanista del diseño, centrada en lo esencial, aborda cuestiones relativas al cambio cultural, lo que hace que esté muy solicitado como conferenciante y comisario.

# ¿QUÉ NECESITA?

Cubo de plástico sólido. 3 varillas de madera de 165 cm de largo × 3,5 cm de diámetro. Sierra. Papel de lija y bloque. 6 tornillos de cabeza redonda para madera. 2 tornillos para madera. Taladro/destornillador. Broca de 5 o 6 mm. Broca avellanadora. Broca Forstner de 3,6 cm.

# INSTRUCCIONES

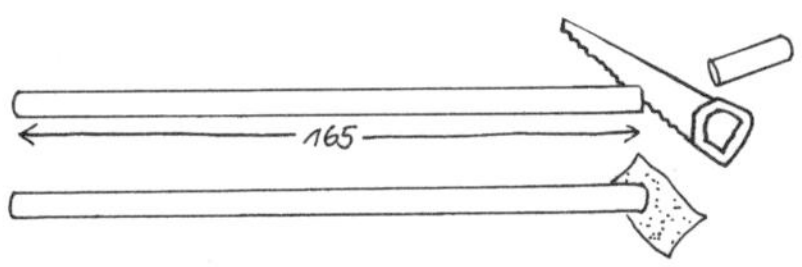


1. Utilice un cubo sólido y con forma cónica. Corte las varillas para que tengan 165 centímetros y redondee los extremos con papel de lija.

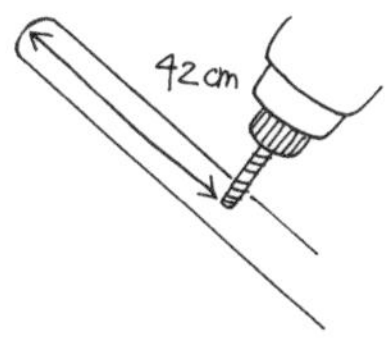


2. Haga agujeros de 5 o 6 milímetros en dos de las varillas a 42 centímetros de un extremo. Taladre con la broca avellanadora para ocultar las cabezas de los tornillos.

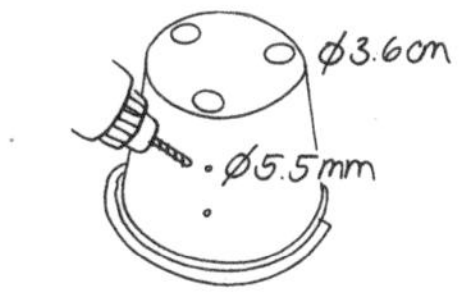


3. Marque los puntos en los laterales y la base del cubo y haga los agujeros con la broca de 5 o 6 milímetros y la broca Forstner de 3,6 centímetros.

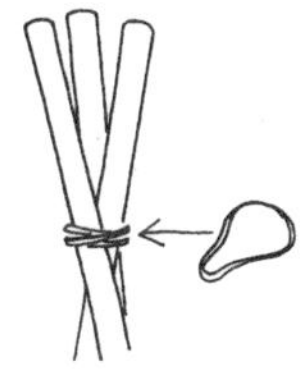

4. Sujete las varillas con dos o tres gomas elásticas resistentes situadas a la altura de los agujeros para los tornillos.

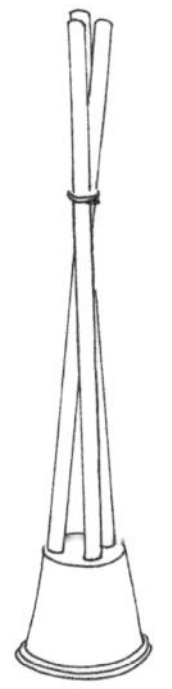

5. Introduzca las varillas en los orificios de la base del cubo y suba el cubo hasta que el ángulo de los laterales del cubo coincida con el de las varillas.

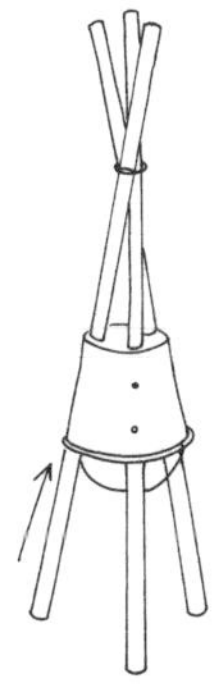

6. Coloque tres tornillos de cabeza redonda para sujetar bien el cubo. Compruebe que está nivelado. Coloque los otros tres tornillos y apriételos todos.

7. Coloque los dos tornillos restantes en la parte superior de las varillas para asegurar el perchero.

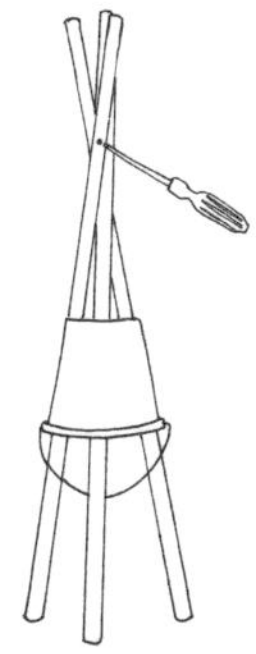

8. Retire las gomas elásticas. Ya puede utilizar el perchero.

COSTE

25 US$ / 16 £ / 22 €

LÁMPARA DE TECHO DE

## Patricia Urquiola

TIEMPO

360 min

# BROCHE

Esta lámpara requiere cierta dosis de paciencia. Hay que dedicarle por lo menos medio día porque se necesita cortar un montón de cartón. La recompensa: una lámpara que proyectará sobre la pared elegantes combinaciones de luz y sombra. Patricia Urquiola anima a quienes vayan a seguir su diseño a experimentar utilizando, por ejemplo, cartón de dos colores distintos: «Eso le dará a la lámpara un aspecto lúdico y, con suerte, aportará efectos cromáticos a la luz. Para mí era importante diseñar algo que no costase mucho dinero y se pudiese hacer con objetos que es posible encontrar en cualquier casa».

Patricia Urquiola es una de las diseñadores de muebles más versátiles y exitosas de las últimas décadas. Es española, de Oviedo, y su estudio de Milán tiene clientes como Moroso, B&B Italia, Foscarini, Driade o De Padova. Ha diseñado más de doscientos cincuenta muebles, muchos de ellos con gran éxito de ventas (por ejemplo, el sillón Smock). Diversas instituciones y revistas la han elegido diseñadora del año en varias ocasiones.

# ¿QUÉ NECESITA?

Troquel para broches de presión. Transportador de ángulos.
Bombilla de 12,5 cm. Cable y casquillo.
Tiras de cartón (cortadas según la plantilla).
Cúter. Martillo. Punzones de 4 y 7 mm de diámetro o perforadora.
90 broches de presión estándar.

# INSTRUCCIONES

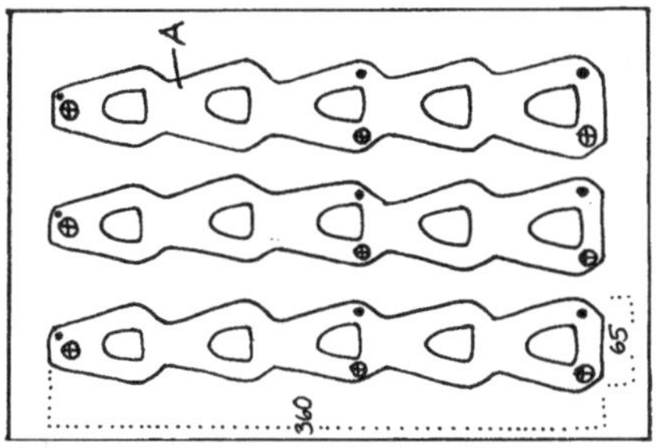


1. Copie la plantilla de las páginas 214 y 215 o descárguela en phaidon.com/diy. Corte las piezas para la pantalla (A) y haga los agujeros para los broches (C para los machos y B para las hembras) con los punzones de 4 y 7 milímetros.

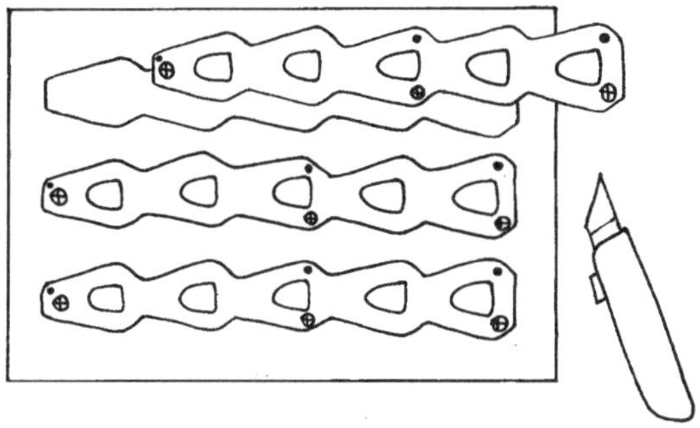

2. Recorte las piezas con un cúter. En total se necesitan treinta piezas.

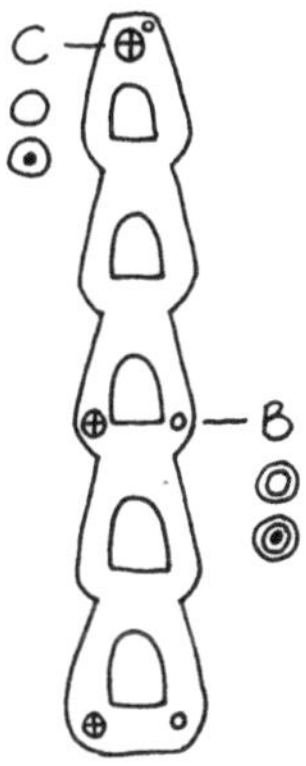


3. Coloque los machos (C) y las hembras (B) de los broches en los lugares marcados.

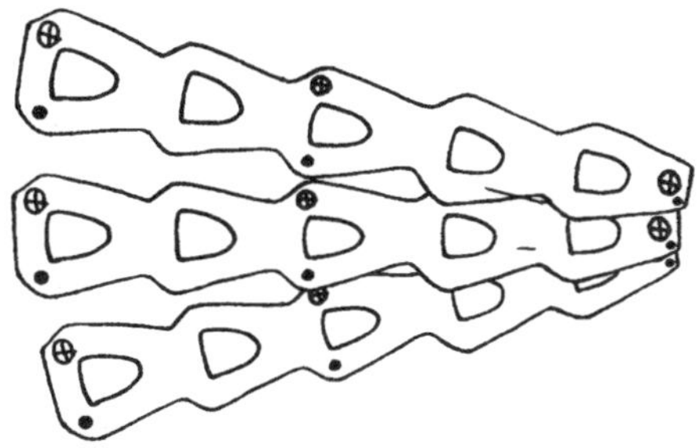

4. Una todas las piezas con los broches para obtener una pantalla simétrica.

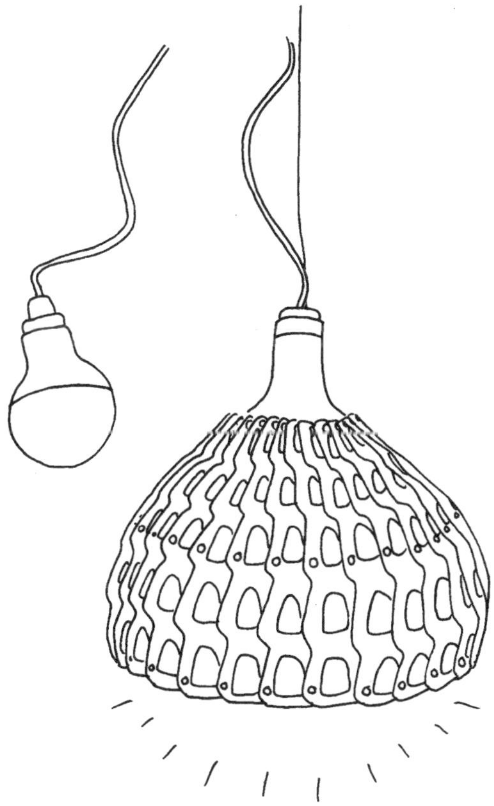

5. Pase el cable y la bombilla por la pantalla desde abajo hasta que la pantalla quede apoyada en la bombilla.

COSTE
25 US$ / 16 £ / 22 €

BANCO DE
## Pauline Deltour

TIEMPO
60 min

# SHOE MAN

Este mueble resuelve un problema habitual en los recibidores, sobre todo en casas familiares y pisos compartidos, donde el vestíbulo suele estar sembrado de un colorido reguero de zapatos. Y además hay que agacharse para ponérselos, claro. El Shoe Man (el nombre es una alusión al famoso bar Schuh Mann, al que Deltour solía ir cuando trabajaba con Konstantin Grcic en Múnich) es al mismo tiempo un banco y un estante para zapatos. Es fácil de montar, su diseño purista hace que encaje en cualquier interior y sus dimensiones se pueden modificar como se desee. «Siempre había querido hacer un banco, y ahora he hecho uno con dos funciones».

Pauline Deltour nació en Landerneau (Francia). Para su tesis en la Universidad de Artes Aplicadas de París ideó una papelera de alambre: a los responsables de Alessi les gustó tanto que la propia marca se encargó de su producción en serie. Deltour trabajó durante tres años con Konstantin Grcic en Múnich y ahora vive y trabaja en París. Sus diseños para Muji, Alessi, Kvadrat y otras empresas se caracterizan sobre todo por la precisión y la experimentación.

Taladro. Broca de 8 mm. Cola de carpintero. Clavijas de madera de 8 mm de diámetro. Sierra caladora. Tablas de madera de 18 mm de grosor: A: 105 × 26 cm; B: 102 × 8,8 cm; C: 102 × 10 cm; D (× 2): 42.2 × 22 cm.

# INSTRUCCIONES

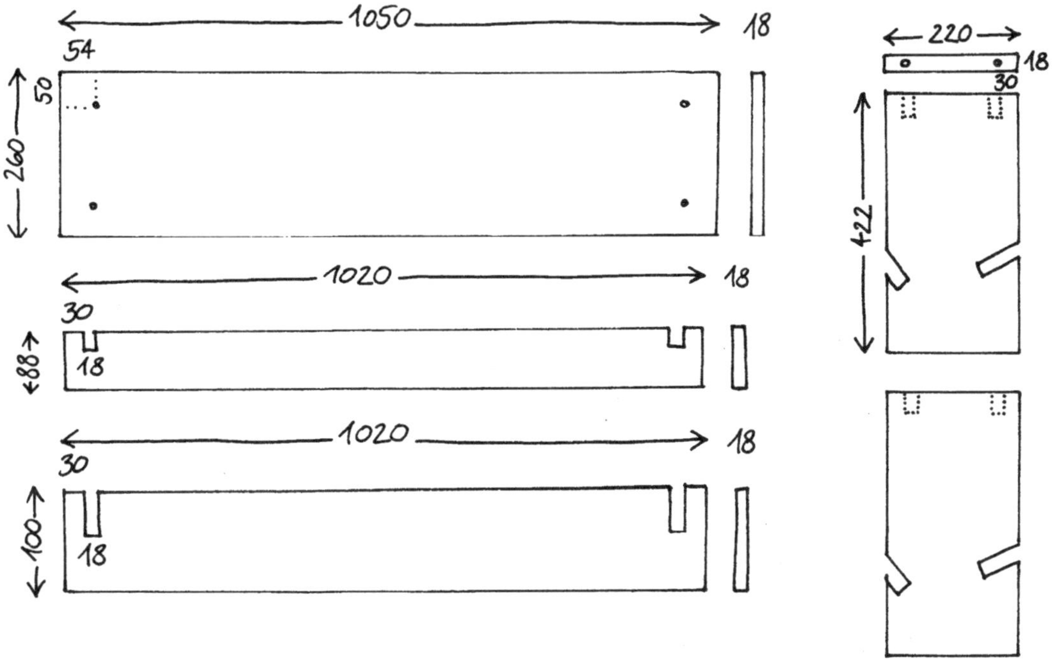


1. Corte las tablas según las medidas. Haga un agujero a 50 milímetros de cada esquina de la tabla A. Sierre muescas de 18 milímetros a 30 milímetros de los dos extremos de las tablas B y C. Sierre muescas oblicuas en las dos tablas D siguiendo la plantilla de las páginas 216 y 217.

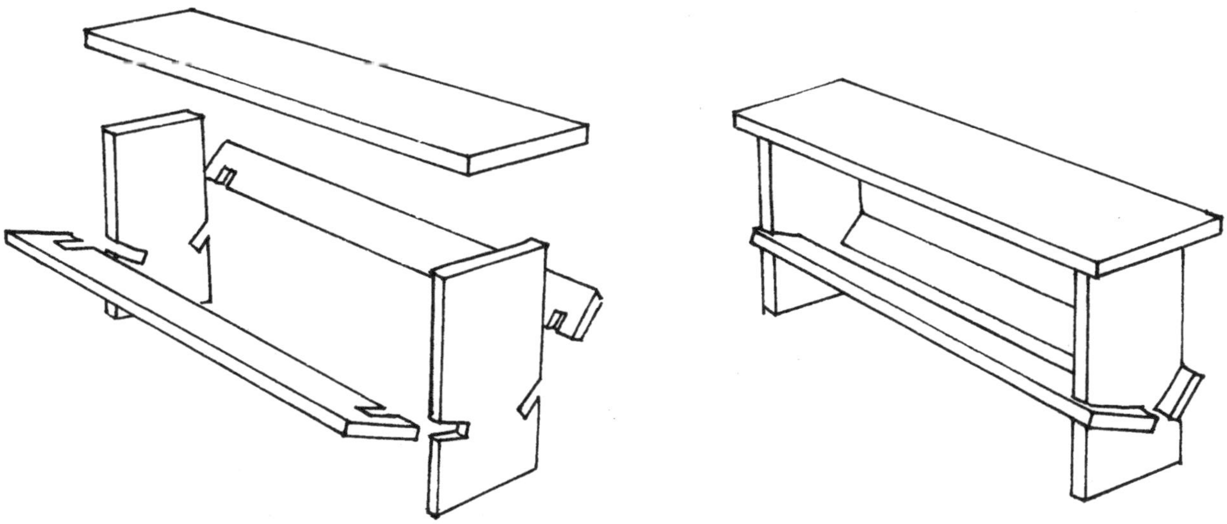

2. Lije los bordes. Encole las superficies de contacto, inserte las clavijas y encaje las tablas.

COSTE

50 US$ / 33 £ / 44 €

ALFOMBRA DE CUERDA DE

**Autoban**

TIEMPO

180 min

# ALFOMBRA DE CUERDA

El estudio de diseño y arquitectura Autoban se encuentra en Beyoğlu, un histórico distrito pesquero y comercial de Estambul, y está cerca de los viejos mercados donde los pescadores y los marineros compran lo que necesitan para la vida diaria. De allí vino la idea de hacer una alfombra de cuerda enrollada. «Para nosotros, los grandes buques cargueros, los materiales sencillos y naturales de los mercados y el ambiente industrial son fuentes de inspiración constantes. La alfombra de cuerda está realizada con materias primas naturales y no contiene gluten ni materiales tóxicos. La cuerda se puede desenrollar en cualquier momento si se necesita para otra cosa».

Autoban

El estudio de diseño Autoban, fundado en Estambul en 2003 por Seyhan Özdemir y Sefer Caglar, tiene más de treinta y cinco empleados y se ha ganado el respeto internacional gracias a sus innovadores proyectos en los campos del diseño de interiores y el diseño de producto. Autoban equipa hoteles, casas, restaurantes y aeropuertos y tiene su propia marca internacional. El estudio ha recibido numerosos premios internacionales de arquitectura y diseño.

F · FORM · F · FUNCTION · F · EXPERIENCE

# ¿QUÉ NECESITA?

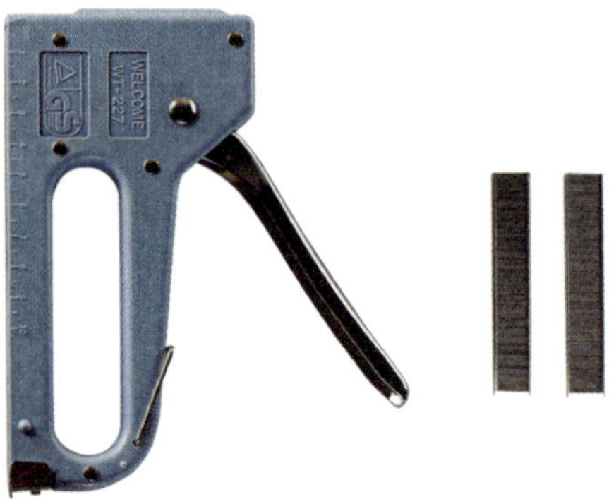

Tablero de madera de 20 mm de grosor cortado en un hexágono de 25 cm de ancho. 55 m de cuerda de 20 mm de grosor (para una alfombra de 120 cm de diámetro). 3 trozos de hilo grueso de 153 cm de largo cada uno. Aguja de tapicería de al menos 15 cm de largo. Tijeras. Pistola de grapas. Grapas.

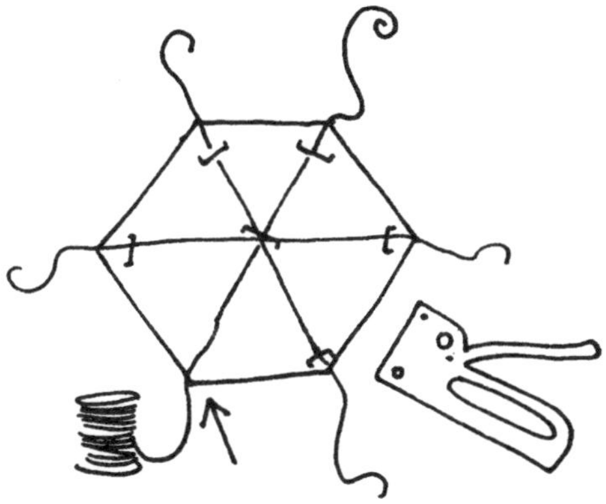

1. Grape tres trozos de hilo en forma de estrella en la base del tablero de madera (cortado del modo indicado) de modo que los extremos sobresalgan por los vértices del hexágono. La longitud de los hilos que sobresalen debe corresponder al tamaño previsto para la alfombra.

2. Enhebre en la aguja uno de los trozos de hilo. Coloque un extremo de la cuerda en un vértice del tablero. Clave la aguja con el hilo en la cuerda y tire para que la cuerda quede bien sujeta a la madera.

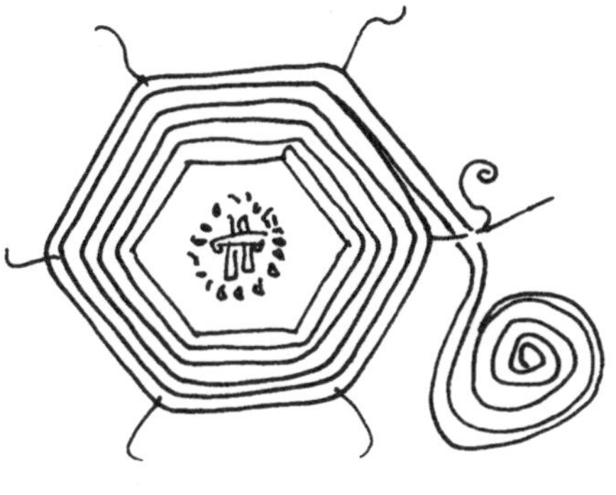

3. Enrolle la cuerda alrededor del tablero y fíjela con aguja e hilo a cada vértice.

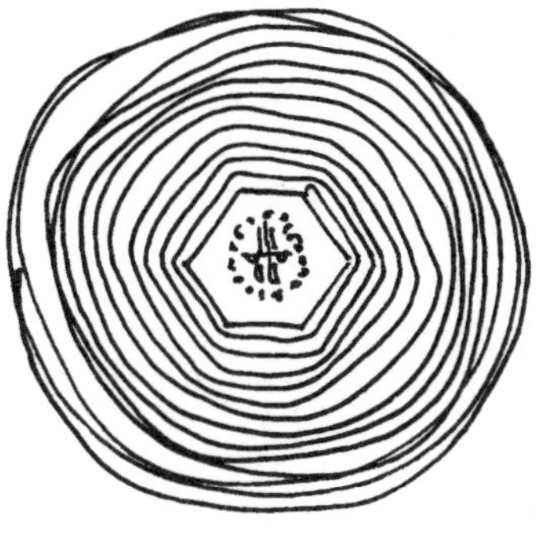

4. Si utiliza varias cuerdas, puede unirlas con un simple nudo.

# LÁMPARA DE CONTRAPESO

**Esta lámpara tiene su origen en una serie de experimentos realizados en Indonesia por el colectivo Field Experiments y su componente principal es una simple piedra. «La combinación de materiales corrientes y elementos naturales es un proceso fundamental para generar nuevas ideas», dice Benjamin Bryant, uno de los fundadores del colectivo. La lámpara emplea esos materiales por sus propiedades intrínsecas, y es una metáfora de la fragilidad de los seres humanos en la actualidad y de su nefasta dependencia de la tecnología. «Hace que uno se pregunte qué ocurriría si se quitase la piedra».**

Field Experiments es un colectivo nómada de diseño formado por Benjamin Harrison Bryant, Karim Charlebois-Zariffa y Paul Marcus Fuog. Entre junio y septiembre de 2013 Bryant, Charlebois-Zariffa y Fuog se instalaron en Lodtunduh (Bali), una comunidad agrícola situada en las afueras de Ubud donde estuvieron realizando experimentos de mampostería, talla en madera, teñido batik, pintura, cestería y fabricación de cometas con un grupo de artesanos locales.

Listón de madera de 91,5 × 10 × 1,25 cm. Ladrillo grande. Piedra.
500 cm de cable eléctrico. Bombilla globo blanca.
Casquillo con base. Enchufe. Broca de 9 mm.
Broca de sierra de 38 mm o broca Forstner. Taladro.

# INSTRUCCIONES

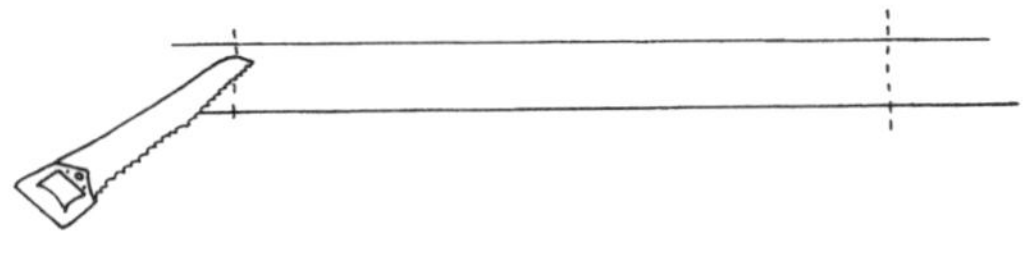

1. Busque una piedra redondeada para que haga de contrapeso. Corte el listón para que tenga el tamaño indicado.

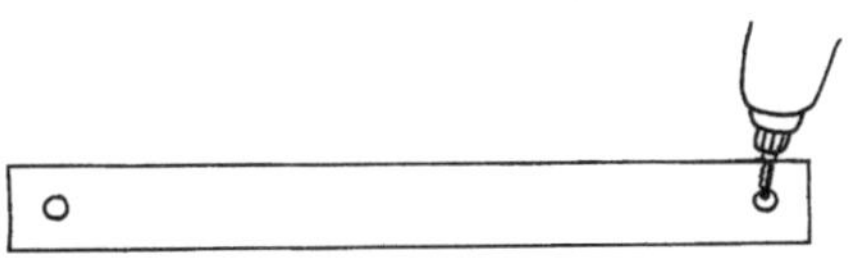

2. Haga un agujero de unos 4 centímetros de diámetro (en función del tamaño del casquillo) en cada extremo del listón: uno para colocar el casquillo y otro para apoyar la piedra.

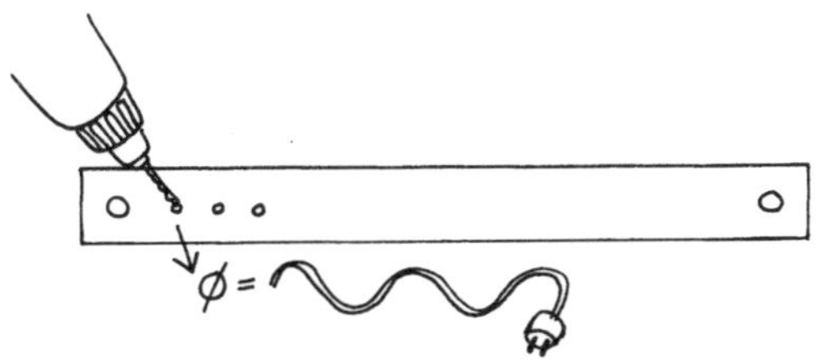

3. Haga tres agujeros más pequeños (pero de diámetro suficiente para pasar el cable) cerca del agujero correspondiente al casquillo.

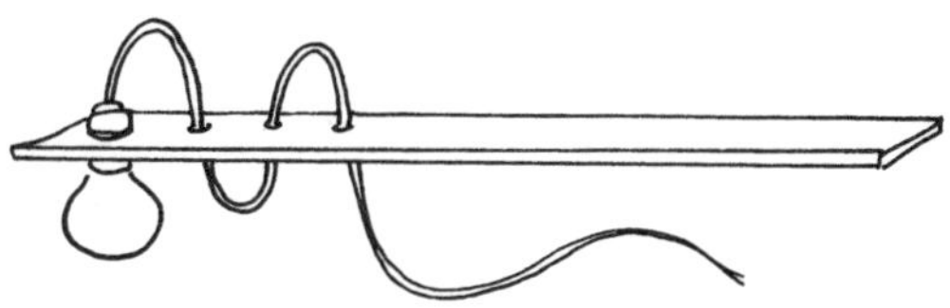

4. Conecte el cable al casquillo y páselo en zigzag por los agujeros. Coloque el enchufe.

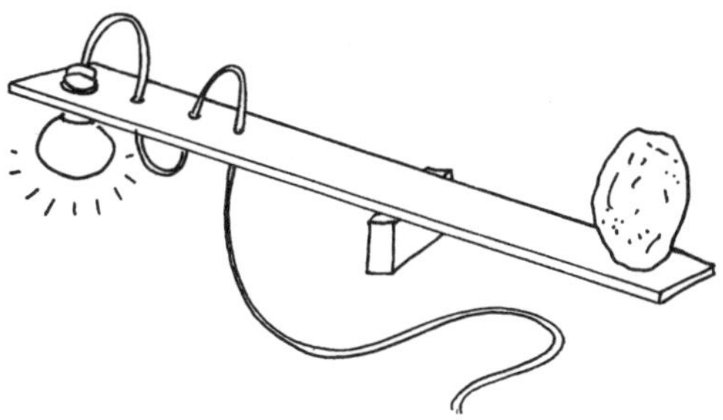

5. Apoye el centro (aproximado) del listón en el ladrillo. Coloque la piedra como contrapeso. Enrosque la bombilla y conecte el enchufe a la red.

COSTE
40 US$ / 26 £/35 €

ESTANTE DE
## Kueng Caputo

TIEMPO
90 min

# ESTANTE VOLADOR

Este diseño de los suizos Kueng Caputo es de una simplicidad exquisita: el estante está formado por cuatro tableros de madera unidos, una cuerda y dos armellas. En 2011 se expuso en la feria Designeast de Japón como parte de un taller de bricolaje. Se propuso a varios diseñadores que fabricasen un mueble de aglomerado a partir de las ruinas que había dejado el *tsunami*. El dinero obtenido con la venta de los planos se dedicó a ayudar a los damnificados por el terremoto. Para quienes lo han perdido todo, este estante es un mueble de bricolaje, pero para los puristas es un elemento funcional. «Nos gusta que el producto se siga desarrollando sin nosotros. Cada estantería será diferente de las demás. También se puede utilizar madera maciza de roble o MDF en lugar de aglomerado».

Sarah Kueng y Lovis Caputo viven y trabajan en Zúrich. Las dos son suizas y exhiben por todo el mundo sus diseños, a veces experimentales y a veces cotidianos. Su serie de muebles de cuero Never Too Much recibió grandes elogios y se expuso en galerías de arte y ferias de diseño. Ambas prefieren trabajar «en la frontera entre el diseño de producto, el arte y el diseño de interiores».

CARDBOARD BOOK

# ¿QUÉ NECESITA?

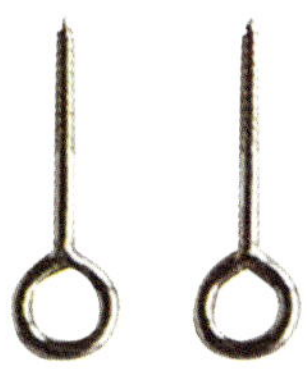

4 tablas de madera de 20 cm de ancho y 1,25 cm de grosor
con distintas longitudes (A: 43,5 cm; B: 54 cm; C: 90 cm; D: 70 cm).
Taladro. Sierra caladora. Broca de 10 mm. 2 armellas.
540 cm de cuerda de 7 mm de grosor.

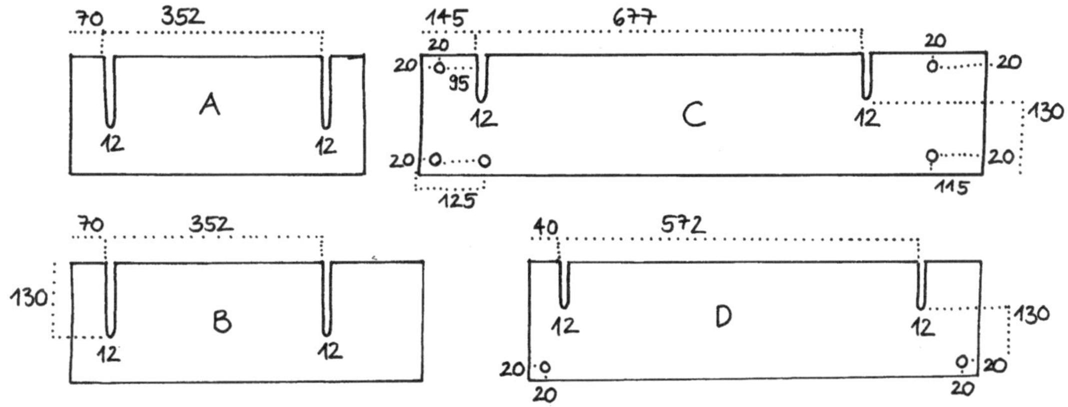


1. Haga ranuras de 12 milímetros a 70 y 352 milímetros de un extremo de A y B, a 145 y 677 milímetros de un extremo de C y a 572 y 40 milímetros de un extremo de D. Haga agujeros de 10 milímetros en las esquinas de C y D, a 20 milímetros de los extremos. También puede encargar que se lo preparen en una ferretería.

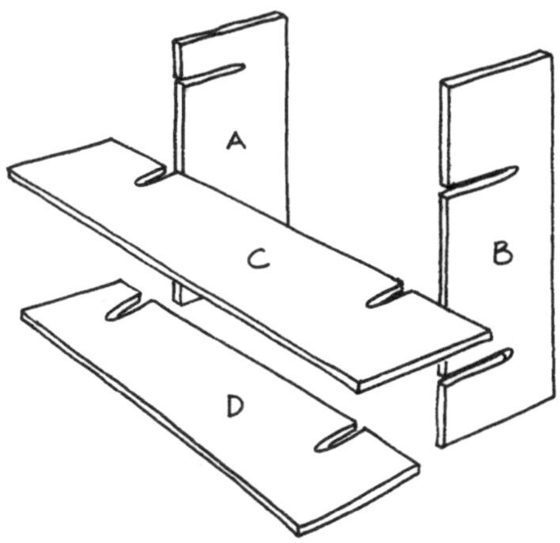


2. Encaje las piezas para hacer el estante.

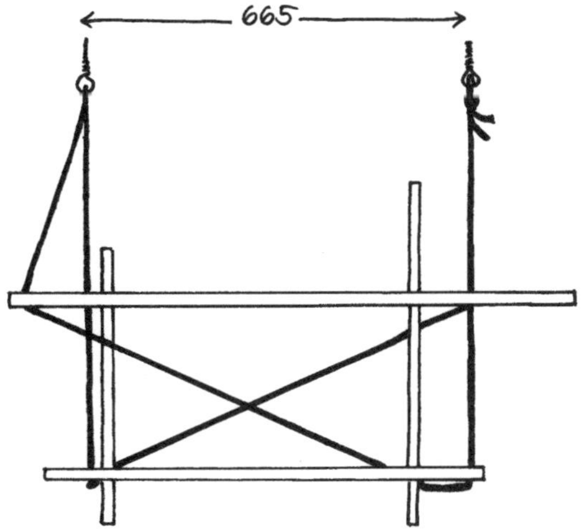


3. Inserte las armellas en el lugar del techo que prefiera con una separación de unos 66,5 centímetros. Pase la cuerda por los agujeros como se indica en el dibujo y anúdela. Cuelgue el estante.

| COSTE | CANDELABRO DE | TIEMPO |
|---|---|---|
| 25 US$ / 16 £ / 22 € | **Maarten Baas** | 25 min |

# TALÁDRELO

La idea es tan simple como tentadora: se coge un objeto no demasiado grande, se le hace un agujero del tamaño de una moneda y se obtiene un candelabro único en el mundo. Las posibilidades son infinitas. «Esto significa que se pueden reutilizar los regalos de cumpleaños no deseados, los rodillos, las estatuas de las que estamos cansados, los libros aburridos y cosas así», explica Maarten Baas. ¿Hay riesgo de que se quemen? También lo ha tenido en cuenta. El agujero de Taládrelo lleva un tubo de metal para colocar la vela. Aun así, también aquí se aplican las advertencias habituales: no deje las velas encendidas sin vigilarlas y úselas bajo su responsabilidad.

Maarten Baas nació en Arnsberg (Alemania) y estudió Diseño en Eindhoven y Milán. Se hizo famoso con Smoke, una serie de muebles clásicos carbonizados y barnizados basada en la obra de artistas como Gaudí, Eames, Rietveld, Sottsass y los hermanos Campana. Las piezas fueron adquiridas por diversos museos y por algunos coleccionistas privados. En 2005 creó junto a Bas den Herder un estudio que en la actualidad produce los diseños de Baas en pequeñas ediciones.

# ¿QUÉ NECESITA?

Vela. Tubo metálico del mismo diámetro que la vela.
Brocha. Lima. Sierra para metal. Taladro.
Broca Forstner del mismo diámetro que el tubo. Barniz.

# INSTRUCCIONES

1. Elija cualquier objeto que considere adecuado para hacer un candelabro.

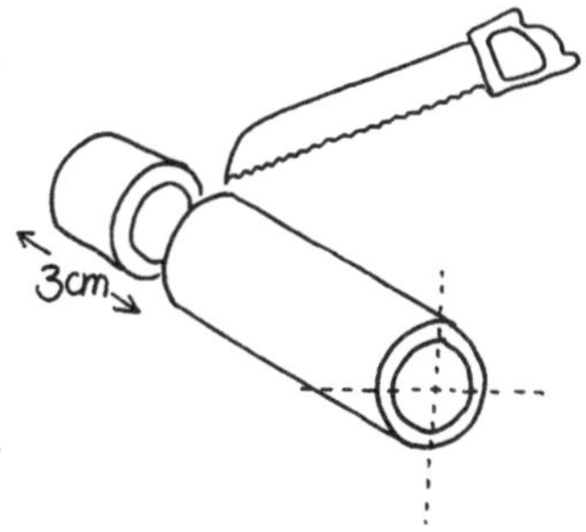


2. Corte un trozo de tubo metálico de unos 30 milímetros y suavícelo con una lima.

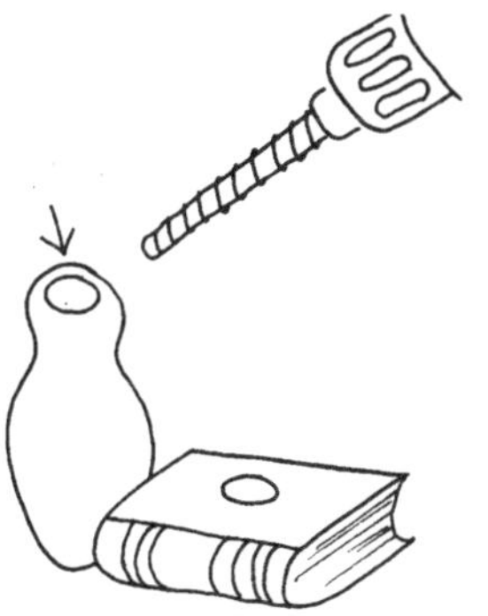

3. Haga un agujero en el objeto. El agujero debe tener el mismo diámetro que el tubo.

4. Inserte el trozo de tubo en el agujero.

5. Barnice el objeto del mismo color que la vela.

6. Coloque la vela en el agujero. Enciéndala, pero no la deje encendida sin vigilarla.

COSTE
60 US$ / £40 / 53 €

VENTILADOR DE
## Rodrigo Almeida

TIEMPO
120 min

# CAJA DE VIENTO

**Ha tenido que pasar mucho tiempo para que los ventiladores evolucionasen desde su forma original hasta los modelos eléctricos que ahora conocemos. Nos proporcionan comodidad, pero también representan nuestro distanciamiento de las cosas que nos rodean: la producción de los ventiladores eléctricos es tan barata que casi se consideran desechables. Aquí es donde entra Rodrigo Almeida: «Al participar en el sencillo proceso de fabricación de un ventilador y añadirle un elemento artesanal, estoy recorriendo la trayectoria histórica de este objeto en sentido contrario. Cuando construyes algo por ti mismo forjas un vínculo emocional con las cosas. Eso es lo que nos falta hoy en día».**

Rodrigo Almeida nació en São Paulo. Es uno de los pocos autodidactas del campo del diseño de producto. Siempre busca influencias en la cultura brasileña y en su propia región. Almeida no trabaja para grandes productores, sino en pequeñas ediciones. Su obra está siendo cada vez más reconocida en exposiciones internacionales.

# ¿QUÉ NECESITA?

Listones de madera para los pies.
Tableros de madera para la caja. Taladro.
Tornillos. Ventilador eléctrico.

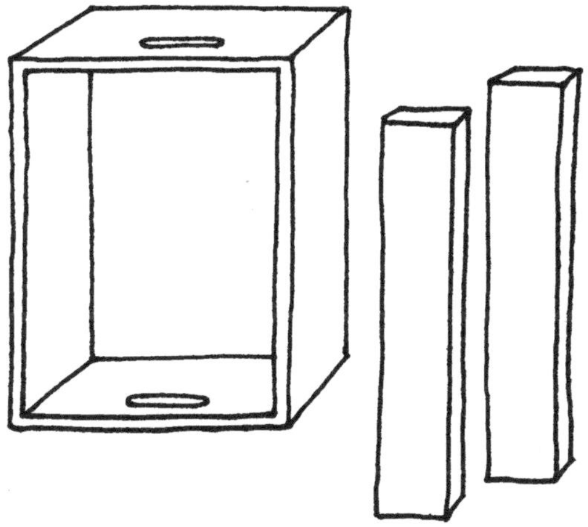

1. Puede comprar el cajón de madera ya hecho o hacerlo usted mismo. El tamaño depende del ventilador. Pinte el cajón y las patas del color que quiera.

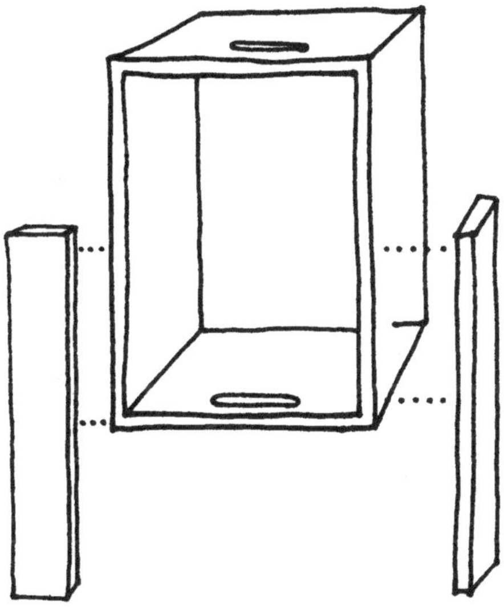

2. Pegue, clave o atornille los listones de madera a modo de patas, uno en la parte delantera y otro en un lateral.

3. Pegue o atornille el ventilador dentro de la caja. Un consejo: utilice un ventilador que ya tenga un agujero para el tornillo.

COSTE
10 US$ / 7 £ / 9 €

VAJILLA DE
Formafantasma

TIEMPO
120 min

# URRACA

«Dios es el mejor diseñador». «La naturaleza es mi mayor fuente de inspiración». Hoy en día un diseñador no puede utilizar estas frases para impresionar a nadie, porque con las impresoras 3D se puede copiar casi cualquier cosa. Los dos diseñadores que componen Formafantasma ni siquiera intentan copiar a Dios: se limitan a utilizar los elementos que ofrece la naturaleza. Así, una concha se convierte en un salero y un bloque de piedra en un cascanueces con la simple adición de una base de madera. «En casa usamos estos objetos en la mesa. No hay nada que diseñar. Lo que hacemos es aprovechar las cosas bonitas que encontramos, como hacen las urracas».

Andrea Trimarchi y Simone Farresin son los creadores de Formafantasma, un estudio italiano de diseño con sede en Ámsterdam. Gracias a su enfoque experimental y transfronterizo, no tardaron en adquirir fama tras terminar sus estudios en la Academia de Diseño de Eindhoven. Sus diseños realizados con carbón, residuos de alimentos y piel de pescado son un reto al pensamiento establecido. Vitra, Lobmeyr y Fendi son algunos de sus clientes.

# ¿QUÉ NECESITA?

Concha de vieira. Concha de ostra. Piedra.
Tablero de madera. Taladro y broca Forstner de 30 mm.
Papel de lija y bloque. Sierra.

1. Encuentre o compre una piedra bonita adecuada al tamaño de la mano, una concha de ostra y una concha de vieira.

2. Corte dos tablas que midan unos 21,5 × 14 × 2,5 centímetros cada una y lije los bordes.

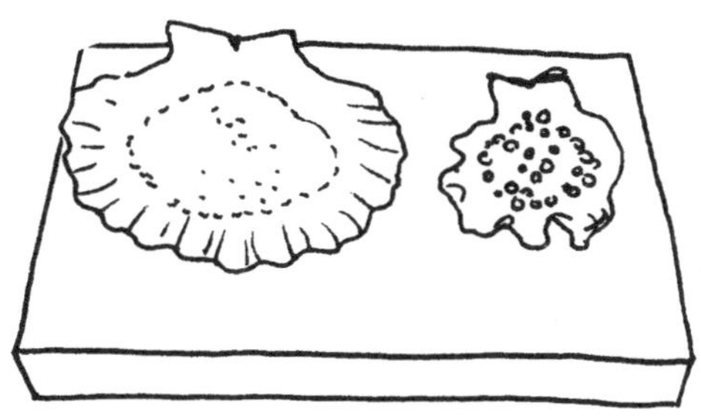

3. En una de las tablas haga un hueco para las nueces con la broca Forstner. La piedra se utilizará para cascarlas. Llene la concha de vieira con sal marina y la de ostra con pimienta.

COSTE

12 US$ / 8 £ / 10 €

MACETERO DE

**Sam Hecht**

TIEMPO

25 min

# MACETERO

«Las cosas que fabrica uno mismo deben ser ante todo prácticas y resistentes, como una estantería». Esto es lo que opina Sam Hecht. «Sin embargo, tenía curiosidad por ver si era posible dar un aspecto nuevo a un elemento cotidiano efímero». Los maceteros se suelen considerar simples contenedores que hay que llenar con macetas decorativas. Por lo general solo los vemos desde arriba. Reposan inmóviles en el suelo o en el alféizar de una ventana. Este diseño lo cambia todo, porque sitúa el macetero al nivel de los ojos. Las tres varillas aprovechan la tensión que se crea entre el plato y la maceta para mantener la planta en posición vertical. El conjunto es una escultura de platos, varillas y plantas que representa más que la suma de sus partes.

Sam Hecht nació en Londres y estudió Diseño Industrial en el Royal College of Art. Es uno de los principales representantes del diseño minimalista. Ha trabajado para el famoso arquitecto David Chipperfield y para el estudio de diseño IDEO, entre otros. En 2002 fundó Industrial Facility junto al diseñador estadounidense Kim Colin. Entre sus clientes se encuentran empresas como Whirlpool, LaCie, Magis, Yamaha o los grandes almacenes japoneses Muji.

# ¿QUÉ NECESITA?

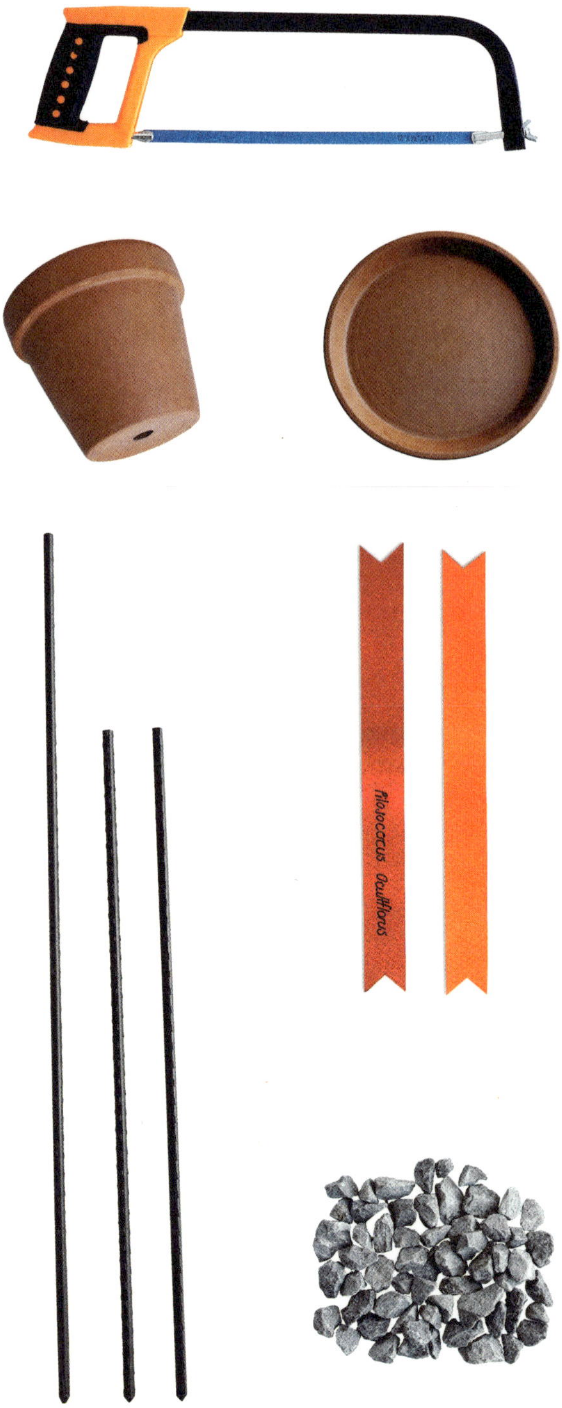

Sierra para metal. Maceta de terracota de unos 20 cm de diámetro.
Plato de terracota de unos 50 cm de diámetro.
Tres varillas de metal de jardinería. Etiquetas para plantas. Grava.

# INSTRUCCIONES

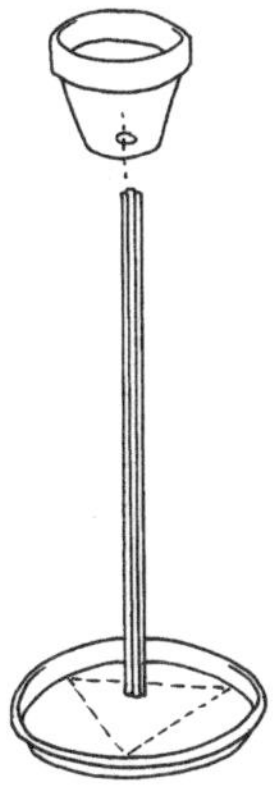

1. Trace un triángulo equilátero en el plato. Inserte las varillas en el orificio de la base de la maceta y despliéguelas en abanico sobre el plato de modo que la maceta se sostenga sobre ellas.

2. Marque dos de las varillas a la altura del borde de la maceta.

3. Saque de la maceta las dos varillas marcadas y córtelas por la señal. Vuelva a colocarlas como en el paso 2.

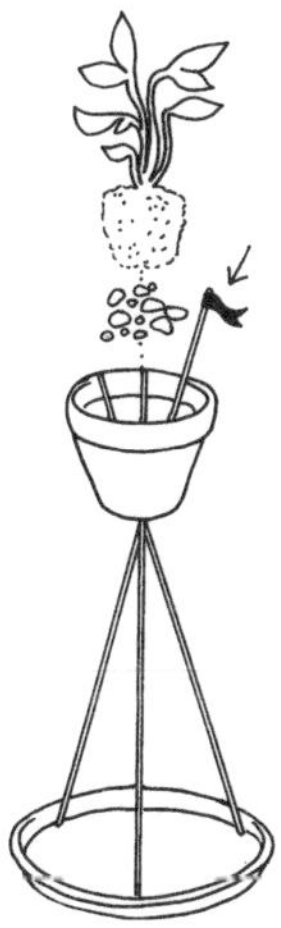

4. Vierta grava alrededor de las varillas. Coloque la planta en la maceta. Pegue la etiqueta en el extremo de la varilla larga.

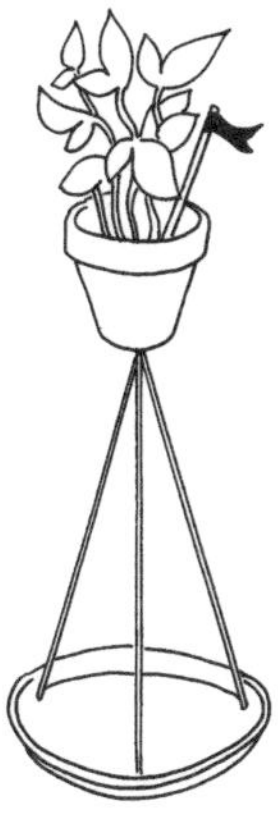

5. Riegue.

| COSTE | ESTANTERÍA DE PARED DE | TIEMPO |
|---|---|---|
| 50 US$ / 33 £ / 44 € | **Jonathan Olivares** | 45 min. |

# NUEVOS PLANES 2005/2015

**En 2005 Jonathan Olivares diseñó Nuevos Planes para el Hogar como una serie de carteles con esquemas a tamaño real que podían servir para facilitar la instalación de muebles de pared con sujeciones y listones de madera estándar. «El bricolaje me ofrecía una oportunidad de trabajar en un momento en el que yo todavía no tenía clientes. Fue mi primer trabajo publicado». Para este volumen se ha modificado uno de los diseños originales de modo que las instrucciones de montaje se puedan transmitir en forma de libro. «Me gusta la idea de volver a un proyecto diez años después».**

Jonathan Olivares nació en Boston y se graduó en el Instituto Pratt. En 2006 fundó en Los Ángeles un estudio que trabaja en los campos del diseño industrial, el diseño de espacios y el diseño de comunicación. El trabajo de Olivares, con su herencia formal y tecnológica, invita más al uso que a la observación. Cuenta con clientes como Knoll, Nike o Danese Milano y su trabajo ha obtenido numerosos premios de diseño, entre ellos el Compasso d'Oro y el Good Design Award.

# ¿QUÉ NECESITA?

8 soportes para estantes. Tablas de madera de 30 cm de ancho × 1,3 o 2 cm de grosor y con distintas longitudes (superior: 96 cm; inferior: 96 cm menos el grosor de los laterales; laterales: 52 cm). Tornillos para los soportes. Tornillos para los tableros. Regla y nivel. Lápiz. Taladro / destornillador. Sierra.

# INSTRUCCIONES

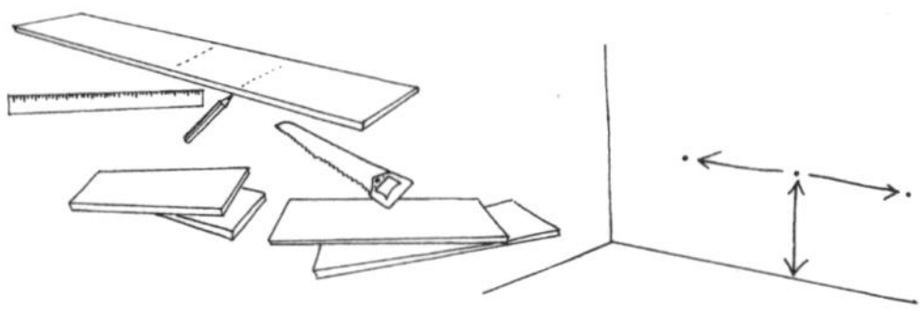

1. Mida la longitud de las cuatro tablas. Marque las líneas y corte la madera. Mida 76 centímetros desde el suelo para colocar la balda inferior.

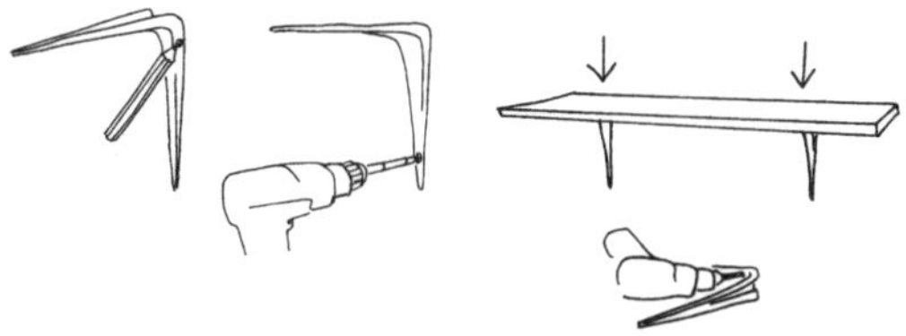

2. Marque los puntos para los soportes de la balda inferior con el nivel. Atornille los soportes a la pared y la balda a los soportes. Asegúrese de que los dos soportes quedan a la misma distancia de los extremos de la balda.

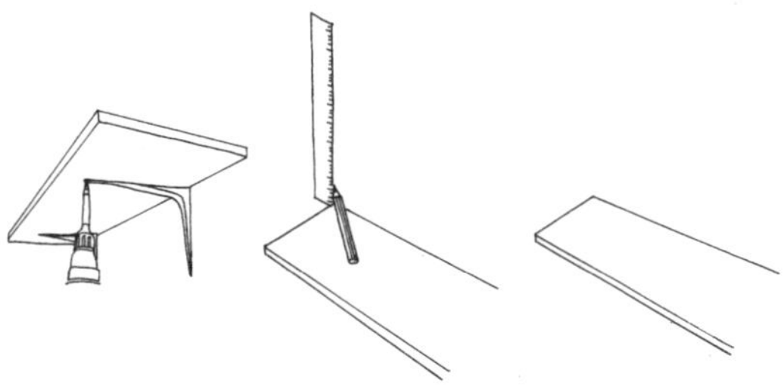

3. Con el nivel, marque la ubicación de una de las tablas laterales y de sus soportes, que deben colocarse a 7,5 centímetros de los extremos de la tabla. Haga lo mismo en el otro lado.

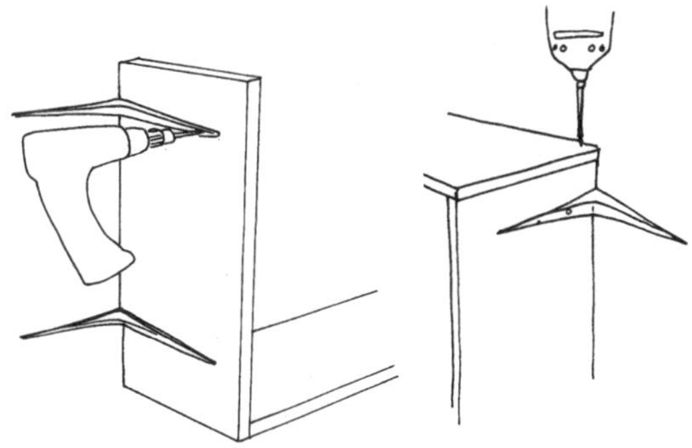

4. Con ayuda de una regla, marque puntos cerca de las esquinas traseras de la balda superior, a 9 milímetros del lateral y de la parte posterior. Coloque la balda superior sobre las tablas laterales y atorníllela donde están las marcas.

5. Coloque una de las tablas laterales de modo que su borde inferior coincida con la base de la balda inferior. Atornille los soportes a la tabla. Haga lo mismo en el otro lado.

| COSTE | CUBRETETERA DE | TIEMPO |
|---|---|---|
| 25 US$ / 16 £ / 22 € | Bernotat & Co | 45 min |

# APOLO 11

**El estudio Bernotat & Co se dio a conocer con Chair Wear, una colección de *ropa* para sillas viejas. Para este libro, los diseñadores Anke Bernotat y Jan Jacob Borstlap han utilizado un elemento un poco pasado de moda pero de una utilidad indiscutible: una cubretetera. «Parece algo anticuado, como un regreso a la década de 1950, cuando la gente quedaba para tomar el té. Queríamos cambiar esa visión y la hemos reinterpretado en forma de una variante contemporánea de alta tecnología». El Apolo 11 está realizado con una manta térmica (o *manta espacial*) de las que se utilizan para primeros auxilios y para evitar que los corredores de maratón se enfríen después de una carrera. «El té también estará bien protegido con nuestra cubretetera».**

En 2007, después de trabajar para Norman Foster y Jasper Morrison, la diseñadora alemana Anke Bernotat fundó un estudio en Ámsterdam para crear productos para la vida diaria y los espacios públicos. Su compañero, el diseñador de exposiciones holandés Jan Jacob Borstlap, se unió al equipo en 2012. Su deseo es «combinar soluciones antiguas con necesidades actuales para crear objetos útiles y sorprendentes». Bernotat enseña Diseño Industrial en Essen.

# ¿QUÉ NECESITA?

Máquina de coser. Cinta de tela de 20 mm de ancho.
Manta térmica. Hilo dorado o plateado.
Cinta adhesiva de doble cara (estrecha). Cinta adhesiva reposicionable.
Cinta métrica. Alfileres. Tijeras. Rotulador resistente al agua.

# INSTRUCCIONES

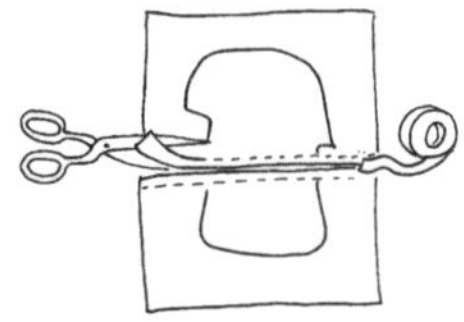

1. Copie o dibuje la plantilla de la página 218, o descárguela de phaidon. com, imprímala y péguela.

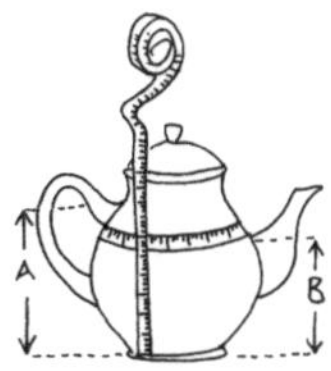


2. Mida la altura total (A), la altura del pico (B) y el diámetro de la tetera.

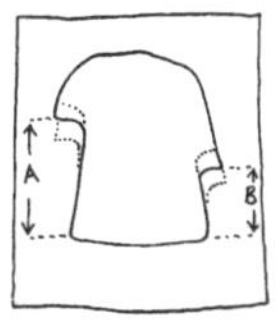


3. Ajuste la plantilla si es necesario.

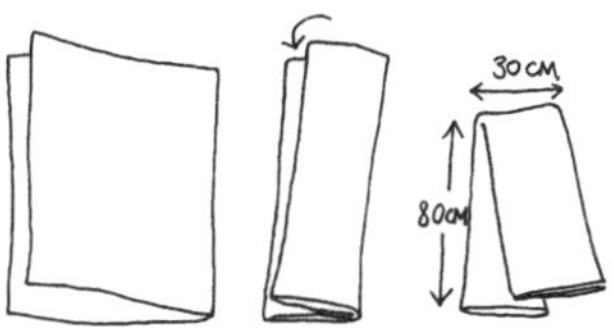


4. Extienda la manta térmica y dóblela por el lado corto (juntando las caras plateadas). Siga plegando hasta que mida unos 30 × 80 centímetros.

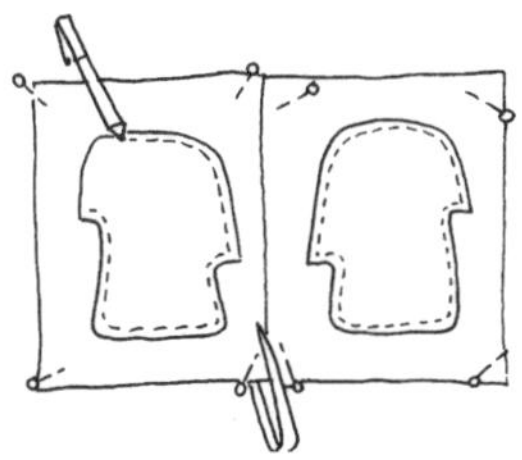

5. Sujete la plantilla con alfileres y dibújela dos veces con el rotulador. Trace una línea de puntos dentro de la primera, a unos 7 milímetros. Corte para separar las dos mitades.

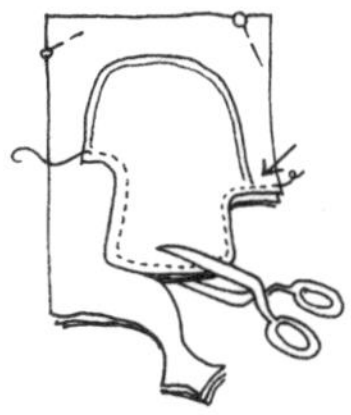

6. Cosa el borde inferior de las dos mitades y recórtelas. Deles la vuelta introduciendo la mano entre las dos partes centrales.

7. Marque bandas horizontales de unos 3,5 centímetros de ancho con cinta reposicionable. Cósalas y retire la cinta con cuidado. Termine los bordes inferiores con cinta de tela.

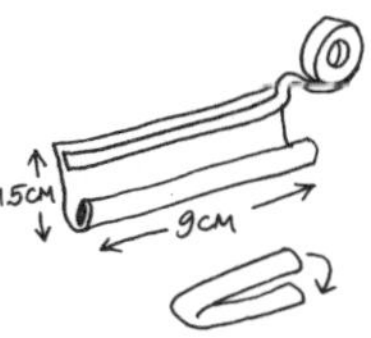


8. Haga un aro con parte del material restante y péguelo con cinta de doble cara. Plegado debe tener unos 3 centímetros de largo y 1,5 de ancho.

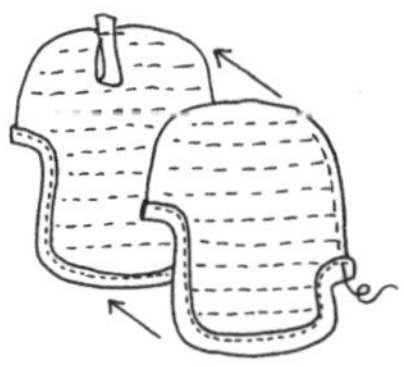

9. Coloque el aro hacia abajo en el borde superior de una de las mitades. Cosa las dos partes juntas con el interior hacia fuera.

10. Dele la vuelta a la cubretetera. Disfrute su té.

COSTE

12 US$ / 8 £ / 10 €

AVIÓN DE

## Jaime Hayon

TIEMPO

20 min

# TYS VICO 1

El diseño siempre conlleva improvisación y bricolaje. Quien crea que esto es un terrible insulto a los diseñadores solo tiene que echar un vistazo a los estudios de diseño, donde siempre predomina el olor a serrín y pegamento y donde antes de perfeccionar los prototipos se hacen un montón de experimentos con papel, cartón y madera. Así que el amor paternal no es lo único que lleva a un diseñador estrella como Jaime Hayon a diseñar un avión de juguete para sus hijos: dentro de cada diseñador hay un niño escondido. El proyecto de Hayon, basado en una plantilla, es tan sencillo que cualquier niño podría montarlo con una mínima ayuda de sus padres.

Jaime Hayon nació en Madrid. Desde sus primeros bocetos ha explorado los límites entre arte, decoración y diseño. Sumergido en la cultura del grafiti y el *skate* desde la adolescencia, empezó diseñando zapatos, juguetes y cuartos de baño y ahora diseña también hoteles y restaurantes. En 2007 la revista *Time* lo nombró uno de los cien diseñadores más importantes. Magis, Swarovski y Camper son algunos de sus clientes. Vive y trabaja en California.

# ¿QUÉ NECESITA?

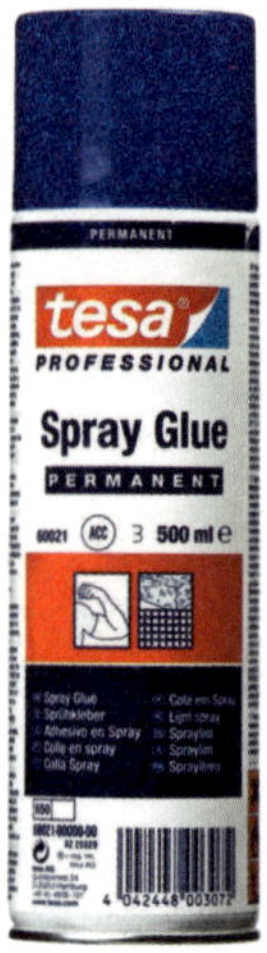

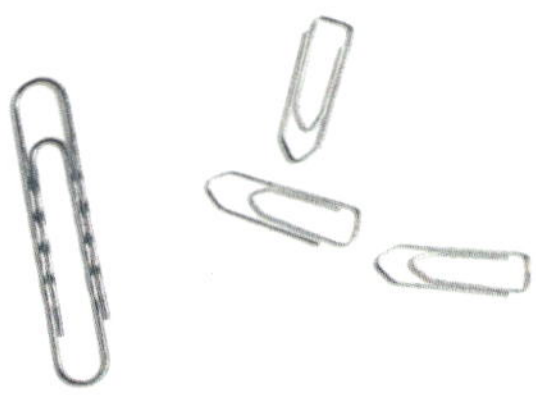

1 trozo de cartón pluma de 3 o 4 mm de grosor.
Pegamento en espray.
Cúter. Clips.

# INSTRUCCIONES

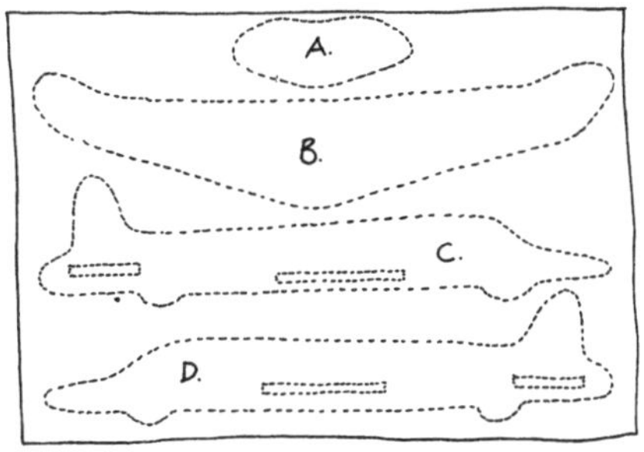


1. Fotocopie la plantilla de las páginas 220 y 221 o descárguela de phaidon.com. Recorte las piezas A, B y C dejando un margen alrededor de la línea de puntos.

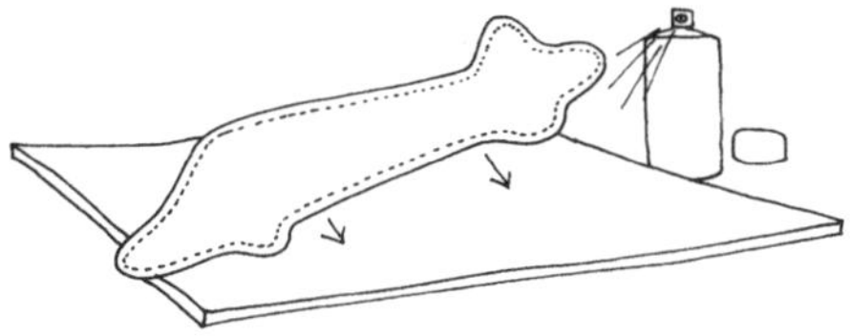

2. Pegue las piezas a la base del cartón pluma con pegamento en espray.

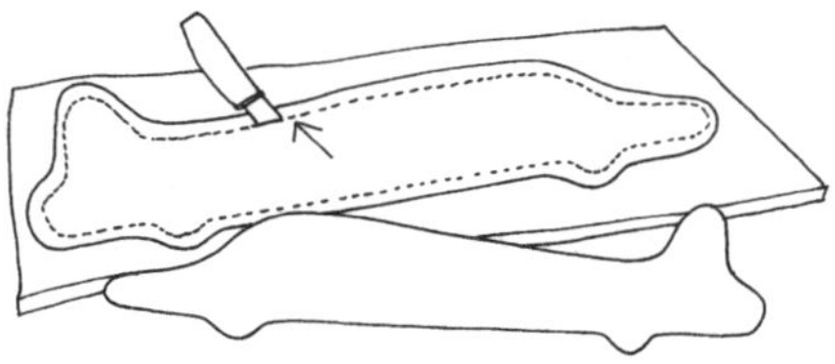

3. Corte con un cúter por las líneas de puntos.

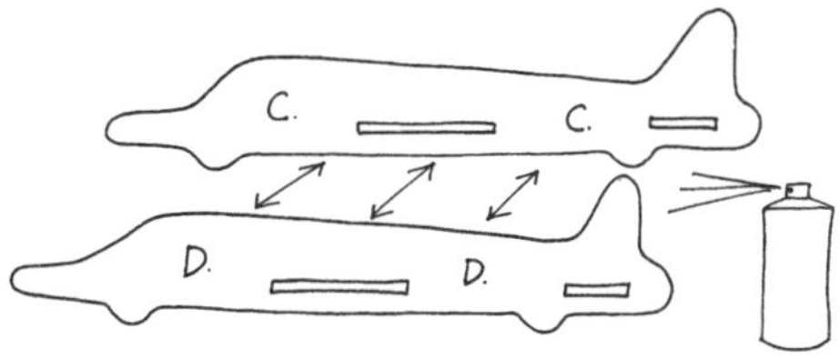


4. Pegue la pieza D con el lado opuesto (el que está en blanco) de la pieza C.

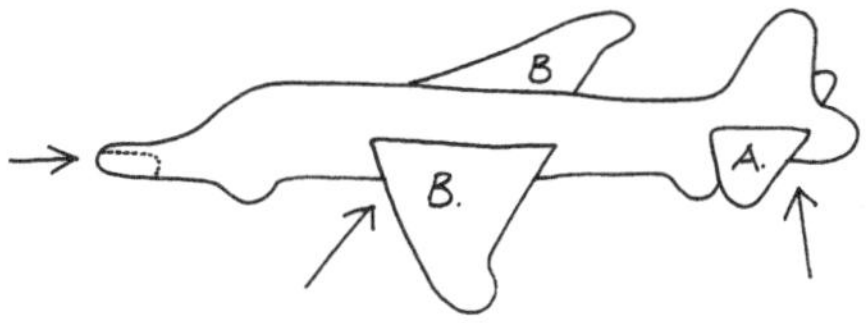


5. Inserte las piezas A y B en las ranuras correspondientes.

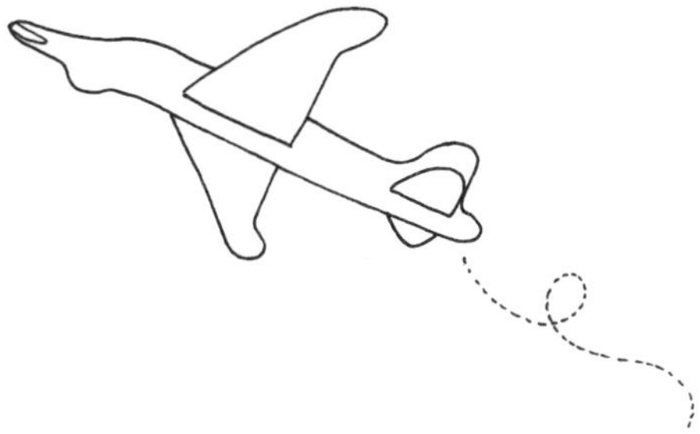

6. Coloque un clip en el morro del fuselaje utilizando como guías las líneas punteadas en gris. Lance el avión.

COSTE

70 US$ / 45 £ /60 €

LÁMPARAS DE PIE DE

Ana Relvão
y Gerhardt Kellermann

TIEMPO

90 min

# LÁMPARAS A, B, C

Una silla es una silla. Pero se puede utilizar también como percha o como escalera. Una de las estrategias preferidas de la cultura del bricolaje consiste en alejar objetos existentes de sus usos habituales. Es el caso de estas lámparas, cuyo elemento principal es un reflector para fotógrafos profesionales. Existe en color plateado, dorado o blanco. Ana Relvão y Gerhardt Kellermann los utilizaron como base para una serie de lámparas. «Para nosotros era importante que todo fuese lo más sencillo posible: es la única manera de garantizar que una idea permanece abierta a otras interpretaciones. A, B y C son nuestras versiones, pero nos haría muy felices que alguien intentara D, E o F».

Ana Relvão y Gerhardt Kellermann viven en Múnich y comparten un estudio de diseño en Hechendorf (Alemania) con Herbert H. Schultes, antiguo director de diseño de Siemens y decano del diseño industrial alemán. Relvão se formó y estudió Diseño en Portugal. Kellermann estudió en Stuttgart. Les une el deseo de desarrollar soluciones de diseño para todas las áreas de la vida, desde la cocina hasta el ventilador eléctrico. Entre sus clientes se encuentran empresas como Bulthaup, Flötotto o Auerberg.

# ¿QUÉ NECESITA?

Regla. 3 tubos fluorescentes con soporte de 60 cm. Listones de madera de 20 mm de grosor (A: 200 × 5 cm y 50 × 5 cm; B: 114 × 5 mm; C: 170 × 5 cm). Reflector plateado (diámetro de 105 cm), dorado (95 cm) y blanco (81 cm). Destornillador. Alicates. 3 cables eléctricos de 2,5 m de largo con enchufes e interruptores. Taladro. Lápiz. Broca. Tornillos. Transportador de ángulos. Sierra.

# INSTRUCCIONES

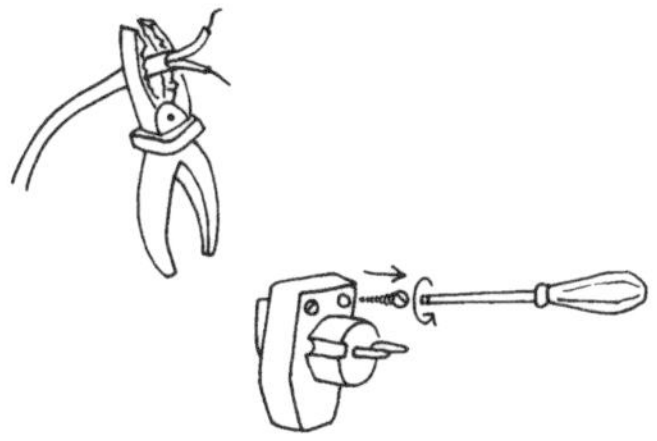

1. Pele el extremo del cable. Conecte el otro extremo al enchufe.

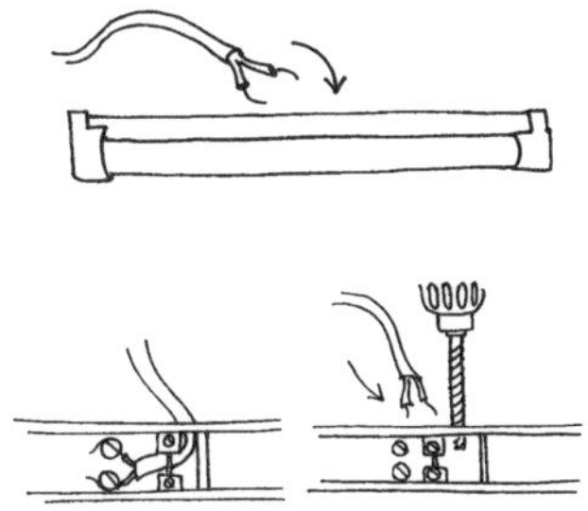

2. Haga un agujero en el soporte del tubo fluorescente para pasar el cable. Conecte el cable.

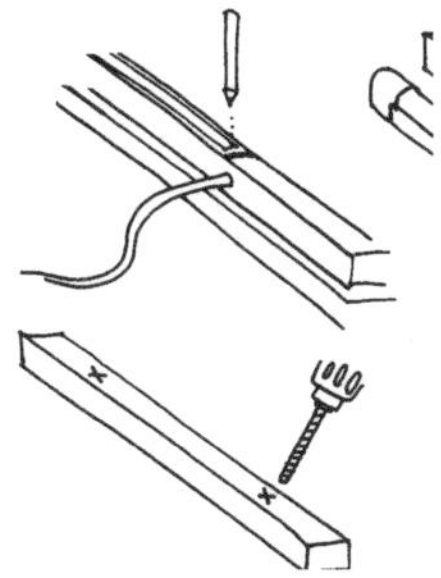

3. Para las lámparas A y C, sitúe el soporte al nivel de un extremo del listón; para la lámpara B, deje un espacio de 12 milímetros. Marque los puntos para los agujeros y taladre.

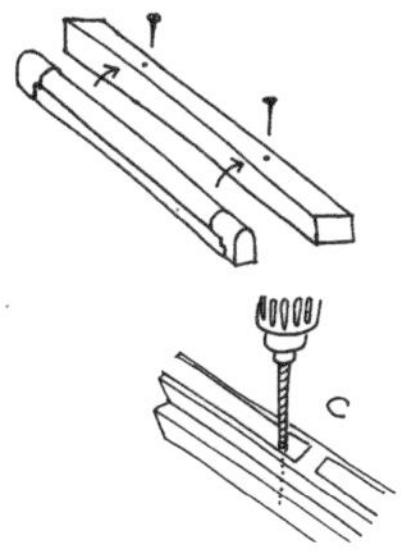


4. Fije los soportes a la madera y coloque los tubos. Para la lámpara C, haga un agujero que atraviese el soporte y la madera para poder sujetarla a la pared.

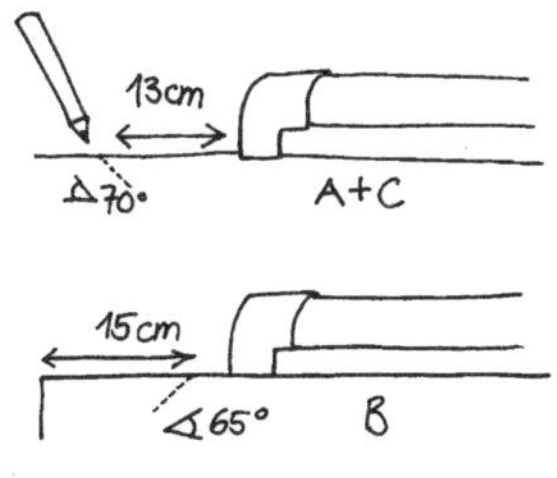


5. Para A y C, trace una línea con un ángulo de 70° en el listón 13 centímetros por debajo del soporte. Haga lo mismo en el otro lado del listón. Para B, trace una línea con un ángulo de 65° a 15 centímetros de la parte superior del listón.

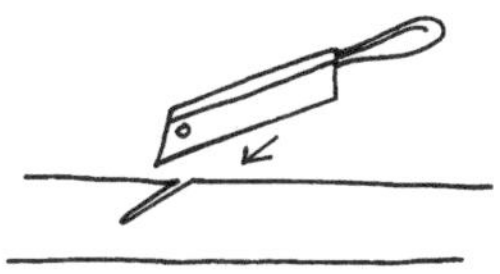

6. Haga ranuras oblicuas en los listones siguiendo las líneas marcadas.

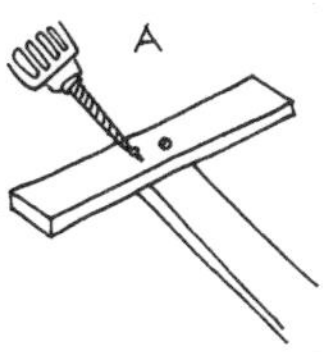


7. Para la lámpara A, atornille el listón corto al extremo del largo en ángulo recto para formar una base.

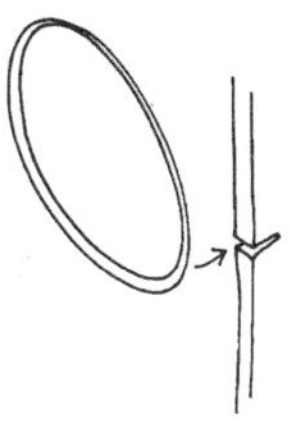

8. Despliegue los reflectores e insértelos en las ranuras de los listones.

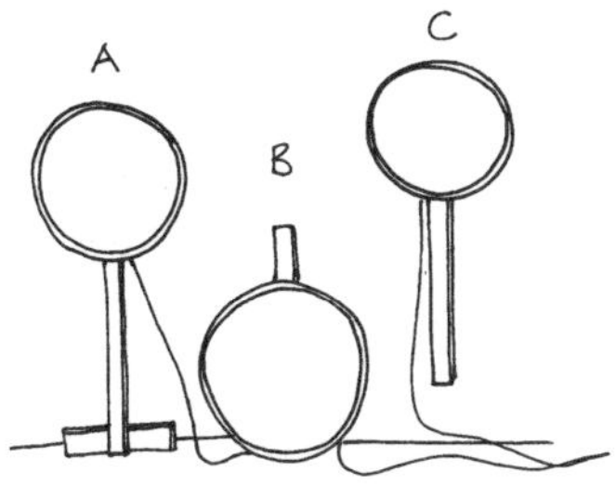


9. Apoye o fije las lámparas en la pared y enchúfelas.

COSTE
30 US$ / 19 £ / 26 €

ORGANIZADOR DE ESCRITORIO DE
## Benjamin Hubert

TIEMPO
60 min

# FLEX

**Cualquiera que haya ido a unos grandes almacenes en busca de un recipiente para bolígrafos, tijeras o pinceles que no parezca anónimo y utilitario sabe que es una tarea prácticamente imposible. La solución de Benjamin Hubert para este problema es elegante y fácil de hacer: se cortan unos trozos de cuero de marroquinería con una forma determinada, se marcan por encima con un cúter y se enrollan. El recipiente se sujeta con una goma elástica. Gracias a su estructura en espiral, se puede utilizar para utensilios cortos o largos. Además, resulta muy adecuado como regalo para enviar, porque al desenrollarlo queda plano.**

Benjamin Hubert nació en Londres. Desde 2007 dirige su propio estudio, donde se trabaja con una visión del diseño sostenible y enfocada en los materiales. Sus diseños de muebles, iluminación e interiores para Classicon, Moroso y Ligne Roset, entre otros, han obtenido numerosos premios, algunos tan prestigiosos como el Red Dot Award o el iF Award. En 2010 fue nombrado diseñador del año en el marco de los Elle Decoration International Design Awards.

# ¿QUÉ NECESITA?

Pegamento. Tijeras. Cúter. Escuadra.
Gomas elásticas anchas de unos 70 mm de diámetro. 23 tiras de cartón.
3 trozos de cuero de marroquinería de unos 178 mm de ancho
y distintas longitudes: 590, 410 y 290 mm.

# INSTRUCCIONES

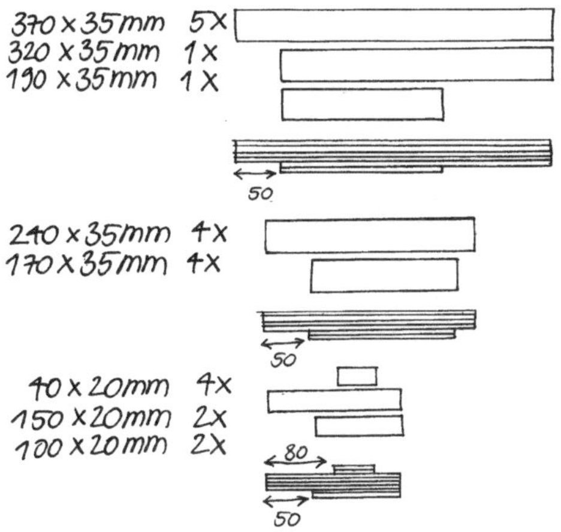


1. Corte el cartón. Haga cinco tiras de 370 milímetros de largo, una de 320, una de 190, cuatro de 240 y cuatro de 170, todas ellas de 35 milímetros de ancho; y cuatro de 40, dos de 150 y dos de 100, estas de 20 milímetros de ancho.

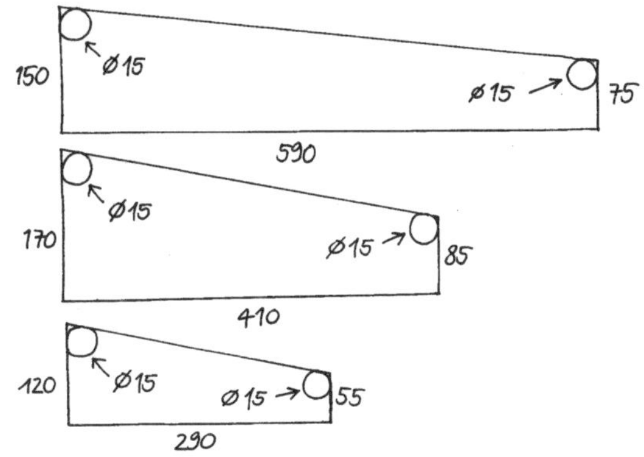


2. Corte las piezas de cuero: A: 150-75 × 590 milímetros, B: 170-85 × 410 milímetros, C: 120-55 × 290 milímetros. Redondee las esquinas superiores con las tijeras.

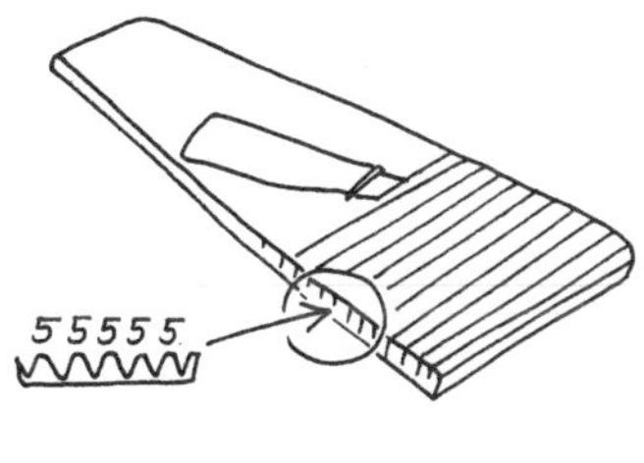


3. Haga unas marcas en el cuero cada 5 milímetros con el cúter y la escuadra con cuidado de no atravesarlo.

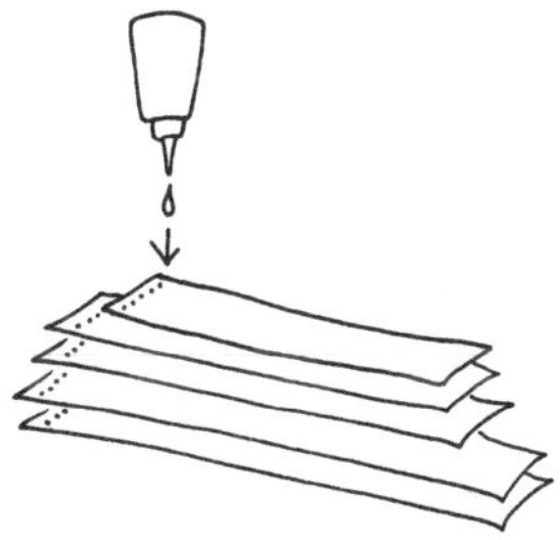

4. Pegue las tiras de cartón como indican las vistas laterales que se muestran en los dibujos del paso 1.

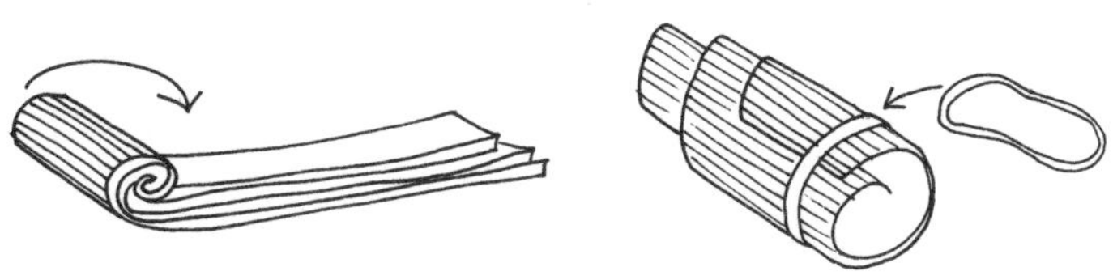

5. Cuando el pegamento se haya secado, enrolle juntos el cuero (debajo) y el cartón (encima). Sujete el rollo resultante con una banda elástica.

COSTE

180 US$ / 120 £ / 160 €

PERCHERO DE

Sarah Illenberger

TIEMPO

360 min

# MIKADO

La idea de este perchero se basa en el clásico juego del mikado. «Me gusta el hecho de que baste con cambiar el tamaño (la escala aproximada es 1:10) para producir algo absurdo», dice Sarah Illenberger. Construirlo es muy sencillo: solo hay que comprar unas varas de madera en la ferretería, afilar los extremos y unirlas por el centro con un manguito para tubos de estufa. Para decorarlo se cortan rectángulos de cuero de colores, se cosen por el lado largo y se deslizan por las varas. El resultado es un mueble muy práctico y vistoso. Además es un perchero ideal para los niños: basta con cambiar la escala a 1:6.

Sarah Illenberger nació en Múnich y estudió en el Saint Martin's College de Londres. Vive en Berlín, donde en 2007 fundó un estudio de ilustración y comunicación visual. Entre sus clientes se encuentran revistas de todo el mundo, fotógrafos y publicistas. Ha recibido varios premios de diseño y diseño gráfico. En los años 2010 y 2011 fue profesora visitante en la Universidad de las Artes de Berlín.

## ¿QUÉ NECESITA?

Papel de lija de grano grueso y de grano fino. Lima para madera. Hilo grueso. Retazos de cuero de 10 × 15 cm. 6 varas de 2,5 cm de diámetro y 170 cm de largo. Aguja de coser. Manguito para tubos de estufa de 10 cm de diámetro. Tijeras.

# INSTRUCCIONES

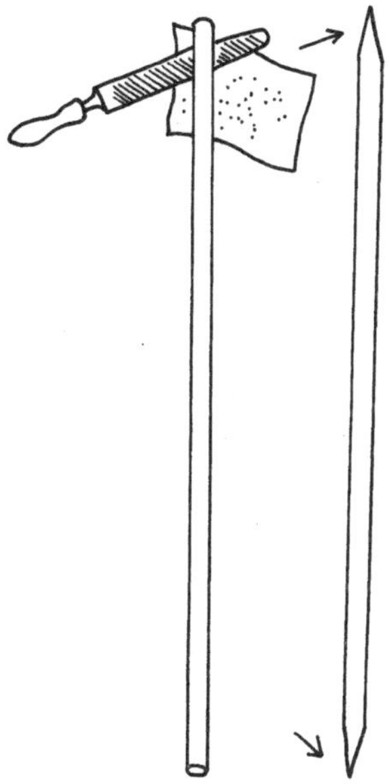

1. Afile los extremos de las varas de madera con la lima y líjelos.

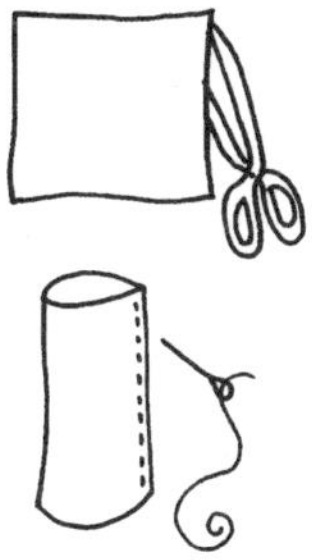

2. Corte los retazos de cuero, enróllelos y cósalos con hilo del mismo color.

3. Coloque los cilindros de cuero en las varas de madera.

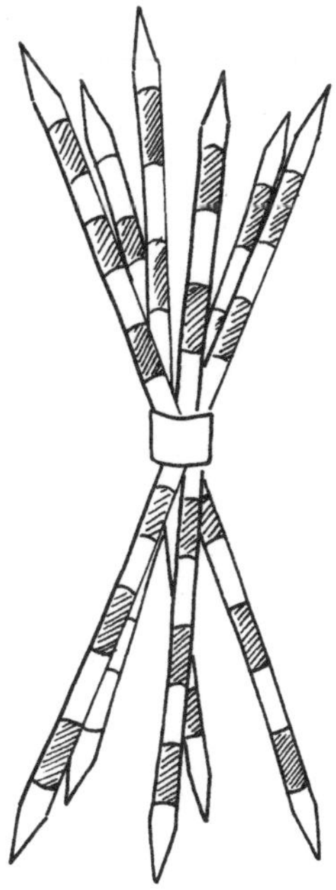

4. Pase las varas por el manguito y despliéguelas en abanico por arriba y por abajo.

COSTE

1 US$ / 1 £ / 1 €

ESPÁTULA DE

## Michael Marriott

TIEMPO

20 min

# ESPÁTULA PARA CAFÉ

**Resolver problemas es una de las tareas básicas de un diseñador. La buena noticia es que los problemas nunca dejan de surgir. A Michael Marriott se le ocurrió la idea de hacer estos pequeños utensilios de cocina mientras preparaba café en su cafetera Alessi, diseñada por Richard Sapper. El café tiene un sabor excelente, pero el filtro es difícil de limpiar. «Necesitaba una especie de espátula, a ser posible de madera para no rayar el filtro. Encontré un trozo de madera de nogal, lo serré, le di la forma adecuada y le hice un agujero para poder colgarlo. Me gustan los objetos cuya pureza consiste en la mera funcionalidad». Por supuesto, el principio básico de esta espátula se puede aplicar a cualquier otra cafetera.**

Michael Marriott nació en Londres. Está considerado como uno de los diseñadores británicos más influyentes de su generación. Los muebles y los artículos para el hogar que diseña para fabricantes como Established & Sons, SCP o Möve se caracterizan sobre todo por su utilidad, su originalidad y su fidelidad a los materiales. Marriott se graduó en el Royal College of Art en 1993 y obtuvo el Jerwood Furniture Award en 1999. También ha destacado como comisario de exposiciones.

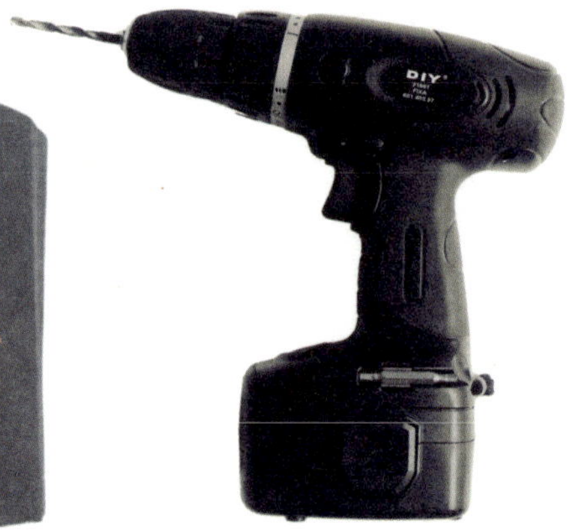

Tablero de madera. Sierra. Lima para madera.
Papel de lija. Taladro. Broca de 6 mm.

1. Corte un trozo de madera de 125 milímetros de largo, 22 de ancho y 3 de grosor.

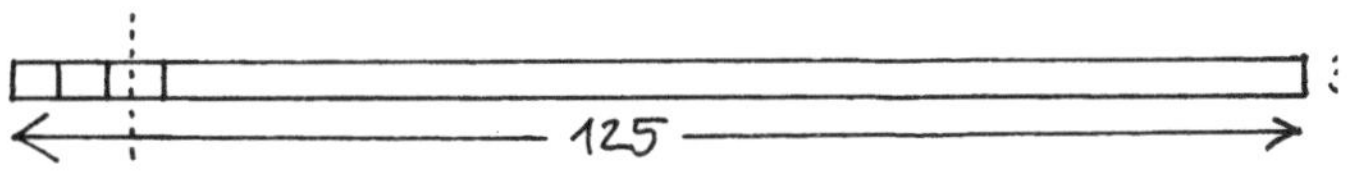


2. Marque un punto a 12 o 15 milímetros de un extremo. Marque un radio de 12 o 15 milímetros hasta el extremo. Haga un agujero de 6 milímetros en el punto marcado.

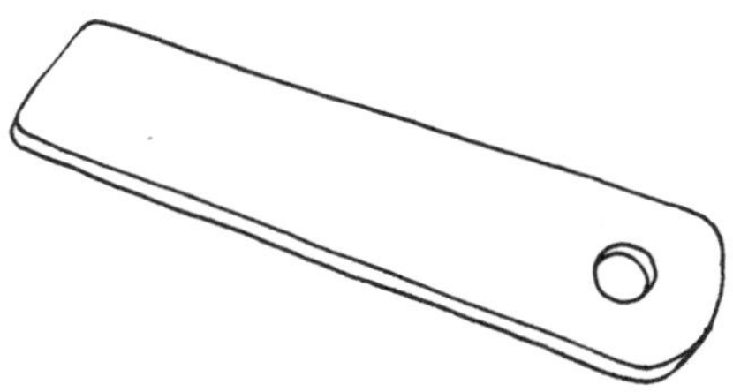

3. Lije los bordes con un radio de unos 2 milímetros en las esquinas.

COSTE

45 US$ / 30 £ / 40 €

SILLA DE

Christophe de la Fontaine

TIEMPO

120 min

# RENACIMIENTO

«Alemania es el país de las ferreterías», dice Christophe de la Fontaine. Para este proyecto se inspiró en la gran cantidad de objetos que se pueden encontrar en esas tiendas: por ejemplo, cubos y barreños de plástico, que utiliza como punto de partida para unas sillas de jardín muy originales. «Quería situar un artículo corriente de producción industrial en un contexto diferente. La sencilla estructura de madera de las patas convierte cada silla en una *pièce unique*». Se puede elegir el modelo de silla que se va a hacer decidiendo el tipo de cubo, el color y el tamaño al que se quiere cortar. Por supuesto, la misma idea es aplicable a toda una familia de sillas *ready-made*.

Christophe de la Fontaine estudió Escultura en Luxemburgo y Diseño Industrial en Stuttgart. Trabajó como director de la agencia de Patricia Urquiola en Milán desde 2002 hasta 2010, cuando fundó su propio estudio. Entre sus clientes se encuentran Moroso y Formagenda. Para Rosenthal diseñó el aclamado servicio Format. En 2012 creó la marca Dante Goods and Bads junto con su esposa, Aylin Langreuter. Ambos viven y trabajan en Neukirchen, en el Bosque Bávaro.

# ¿QUÉ NECESITA?

Sierra caladora. Tornillos para madera. Arandelas. Cinta métrica.
Destornillador. Cúter. Tablas de madera. Cojín.
Recipiente de plástico (por ejemplo, un cubo o un macetero de plástico).

# INSTRUCCIONES

1. Seleccione un recipiente. Para una silla de adulto el diámetro debe ser de al menos 33 centímetros.

2. Corte el asiento con un cúter para moquetas o una herramienta similar. La forma dependerá del tamaño del recipiente y de la altura del asiento. Por ejemplo: sillón, 38 centímetros; sillón reclinado, 42 centímetros; silla estándar, 45 centímetros.

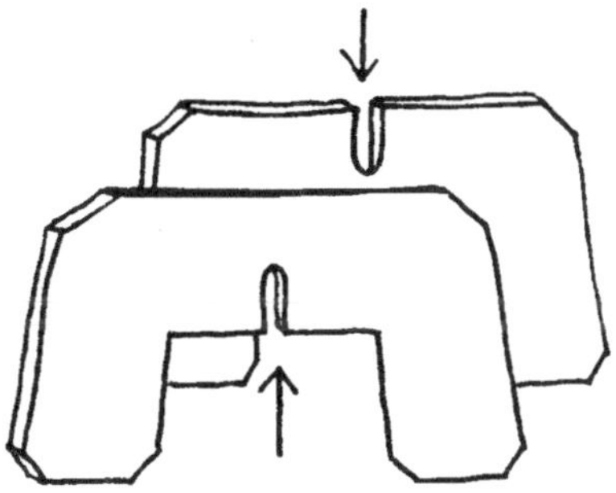

3. Corte dos tablas de madera de al menos 20 milímetros de grosor como se indica en el dibujo o encárguelas. Las dos piezas para las patas se unen mediante una ranura de la anchura del grosor de la madera. La altura debe ser igual a la mitad de la distancia que se ha de unir. Una de las piezas tendrá una hendidura en la parte superior y la otra en la parte inferior. Para que la silla no se tambalee, las patas deben tener 20 milímetros menos que el diámetro del recipiente por la parte superior y 100 milímetros más que ese mismo diámetro por la parte inferior.

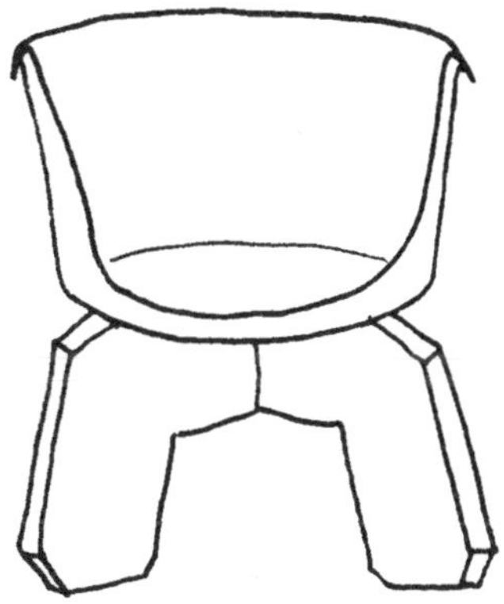

4. Haga agujeros atravesando el recipiente y las patas. Atornille el recipiente a las patas y sujételo con arandelas. Barnice las patas si lo desea. Coloque un cojín que considere adecuado o confeccione uno usted mismo con tela y espuma.

COSTE
15 US$ / 10 £ / 13 €

ESCULTURA DE
## Hella Jongerius

TIEMPO
120 min

# PINGÜINO

**Hella Jongerius tuvo la idea de diseñar sus *props* mientras miraba los accesorios para el hogar con los que se equipan los espacios artificiales de las exposiciones de muebles. «Quería llenar de vida esos accesorios impersonales, llenarlos de poesía». En 2007 expuso por primera vez sus animales de cartón y sus criaturas fantásticas. Fue en el Salón del Mueble de Milán. Aquí nos enseña a fabricar un pingüino de su aclamada colección Props. Para hacerlo se necesita cartulina, cinta de carrocero y un poco de habilidad. Jongerius anima a quienes copien sus diseños a que personalicen sus pingüinos modificándolos o pintándolos.**

Hella Jongerius se formó como ebanista antes de estudiar en la Academia de Diseño de Eindhoven. En 1993 fundó su propia empresa, Jongeriuslab, y en 2008 abrió una sucursal en Berlín. En la actualidad trabaja para firmas como Maharam, Vitra, Makkum o IKEA y es conocida por su modo de combinar arte y tecnología. Su proyecto My Soft Office, en el que aborda el futuro del mundo laboral, se ha expuesto en centros como el Museum of Modern Art de Nueva York.

## ¿QUÉ NECESITA?

**Tijeras**
**Cinta de carrocero y alfileres.**
**Cúter. Cartón.**

# INSTRUCCIONES

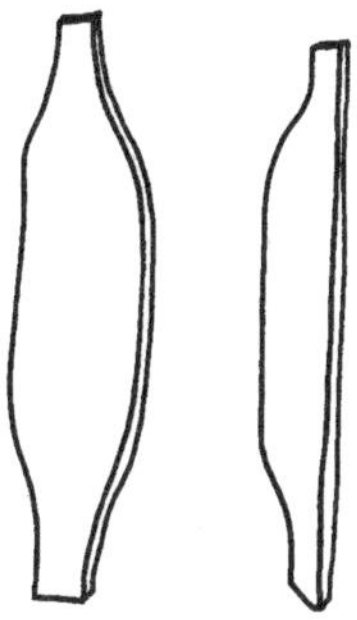

1. Para el torso, trace en el cartón dos formas parecidas a las del dibujo y recórtelas. Puede elegir el tamaño que desee.

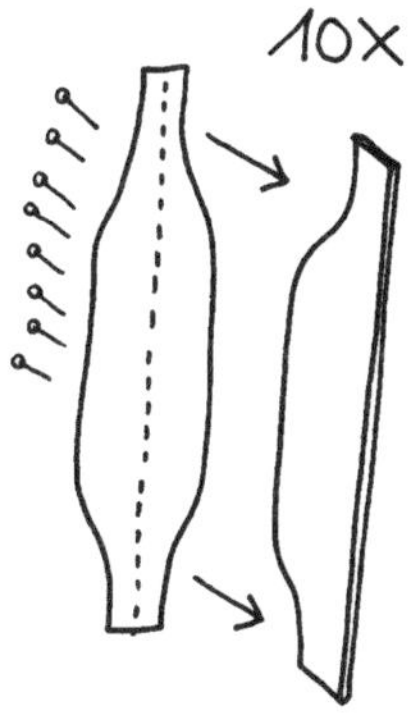


2. Corte una de las piezas del torso por la mitad a lo largo. Copie las dos mitades en el cartón diez veces y recórtelas.

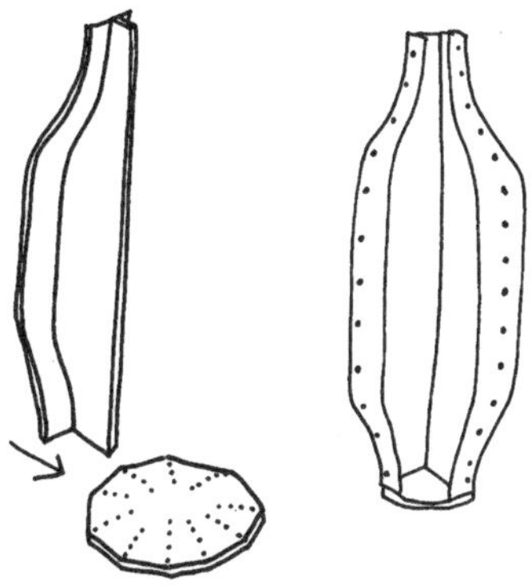

3. Una las piezas con alfileres. Recorte un decágono de cartón. Pegue a él las piezas o sujételas con alfileres.

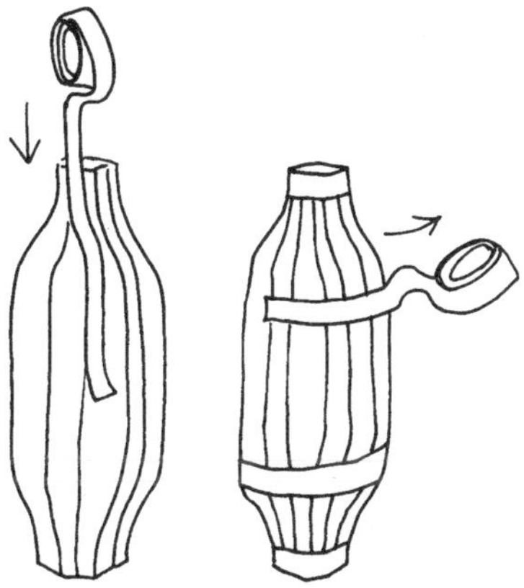

4. Sujete las piezas del torso con cinta adhesiva en sentido vertical y horizontal.

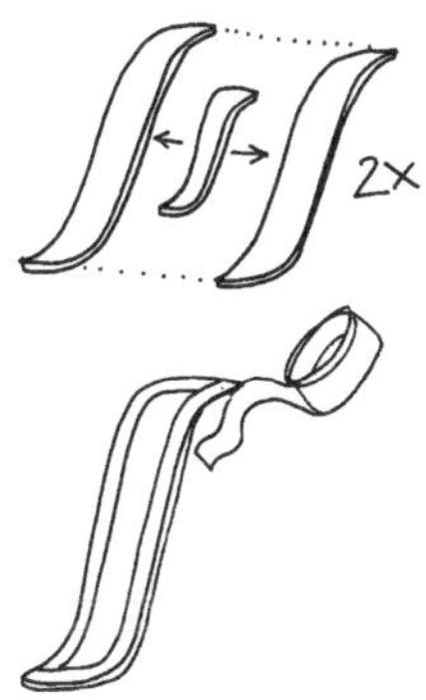


5. Haga cuatro alas del mismo tamaño y dos más pequeñas para colocarlas entre las otras. Péguelas.

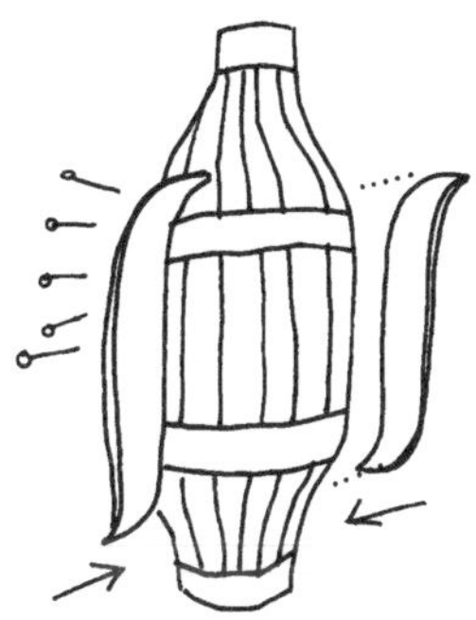

6. Sujete las alas al torso con alfileres.

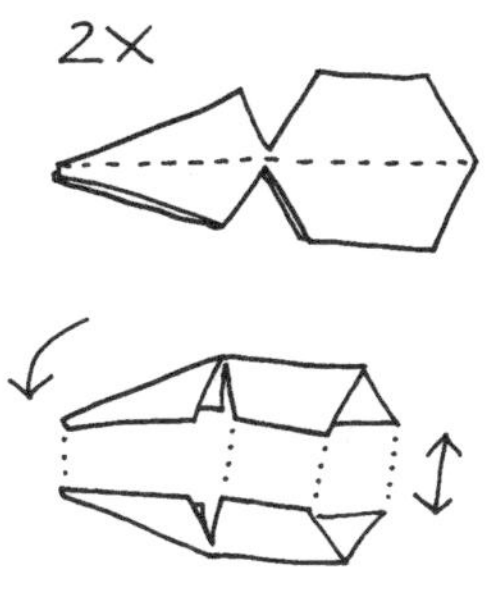


7. Corte dos piezas para el pico, dóblelas y únalas con cinta.

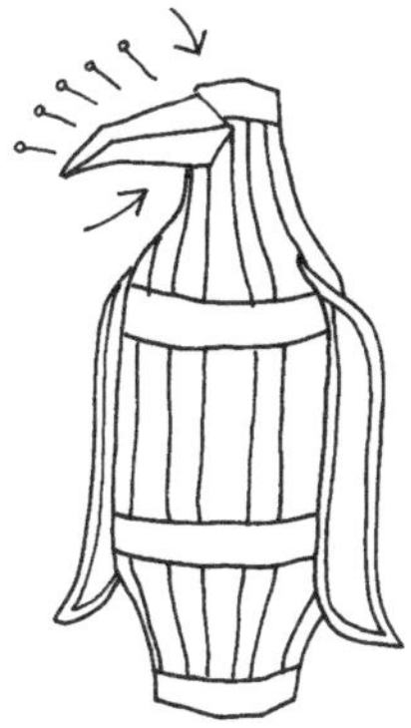

8. Sujete el pico a la cabeza con alfileres.

9. Pinte el pingüino del color que desee.

COSTE

45 US$ / 30 £ / 40 €

MESA AUXILIAR DE

Ana Kraš

TIEMPO

90 min

# BOOK

**Cuando se inventaron las mesas plegables, a menudo se descuidaban las cuestiones estéticas para ahorrar espacio. Sin embargo, esta mesa demuestra que los muebles fáciles de guardar no tienen por qué ser poco atractivos. Y además es muy fácil de hacer. La mesa Book no es solo una forma atractiva de colocar libros y revistas: también sirve para dejar un pastel o una taza de café, y se pliega en solo un instante. Se puede hacer con diferentes materiales (madera, cartón, etc.) y pintar del color que prefiera.**

Desde 2008, año en que terminó sus estudios de Artes Aplicadas en la Universidad de Belgrado, la joven serbia Ana Kraš ha trabajado como diseñadora de muebles, como fotógrafa y, en ocasiones, como modelo. Entre sus proyectos de mayor éxito se encuentran las elegantes lámparas Bonbon, que fabrica a mano ella misma. Vive y trabaja en Nueva York.

## ¿QUÉ NECESITA?

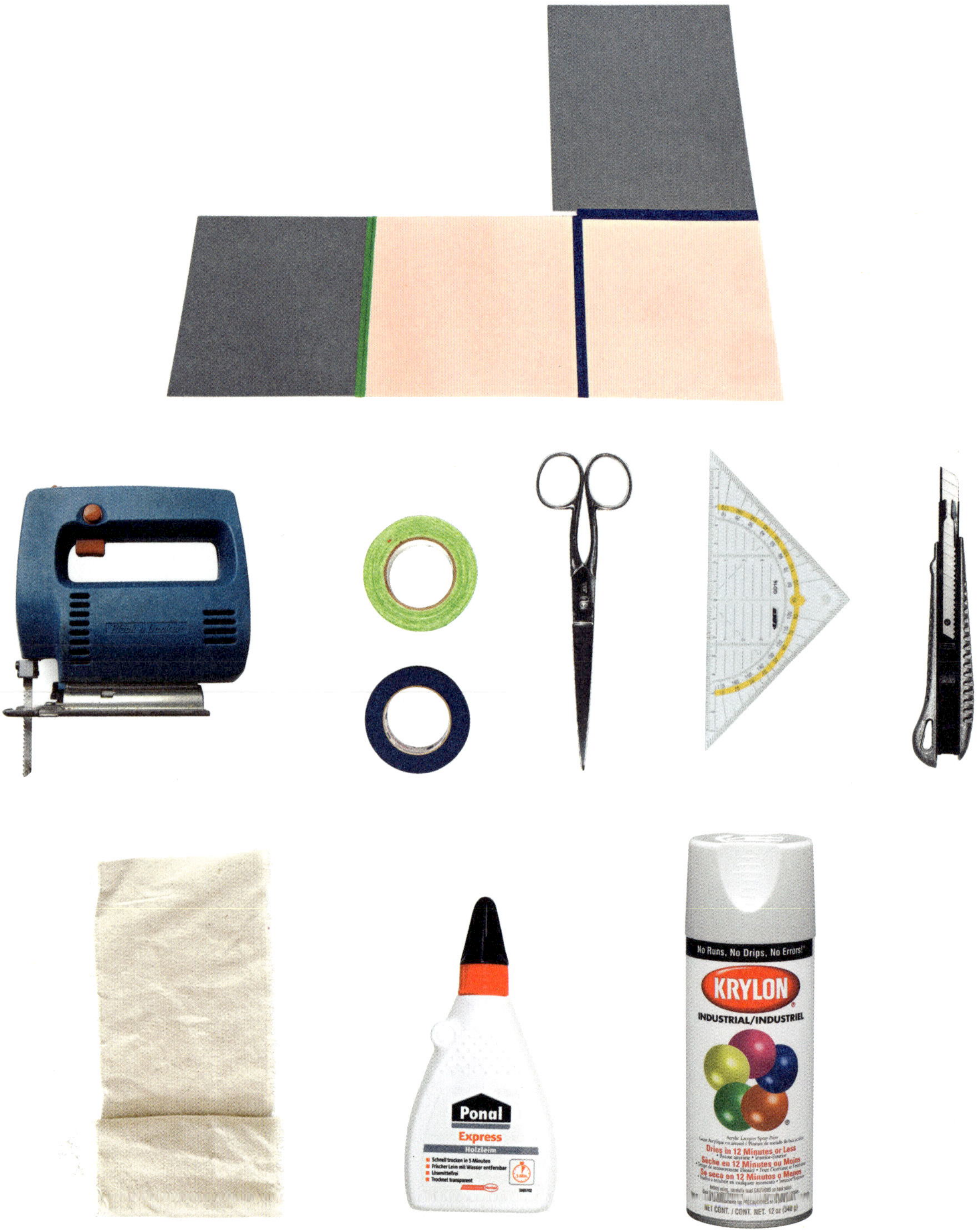


4 tableros (madera o cartón). Sierra caladora. Cinta adhesiva de color.
Tijeras. Transportador de ángulos. Cúter.
Muselina. Pegamento para madera. Pintura en espray.

# INSTRUCCIONES

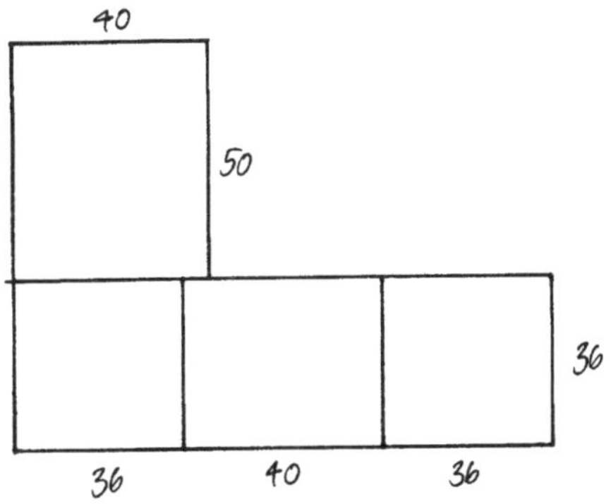


1. Decida el tamaño de la mesa. Esta tiene 36 centímetros de altura y lados de 36, 36 y 40 centímetros de largo. La parte superior mide 40 x 50 centímetros.

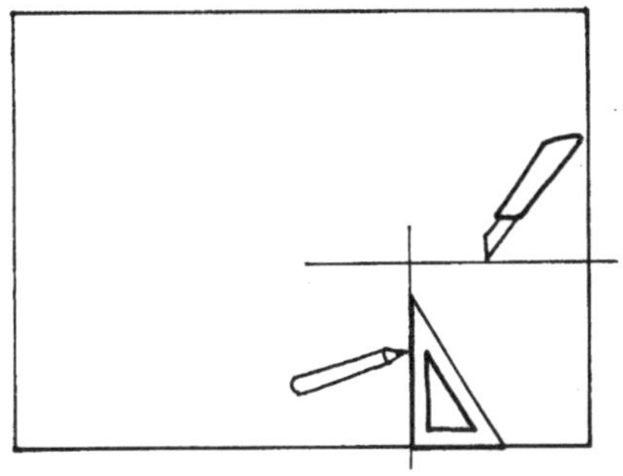

2. Corte las superficies o siérrelas, según el material. Lije los bordes si es necesario.

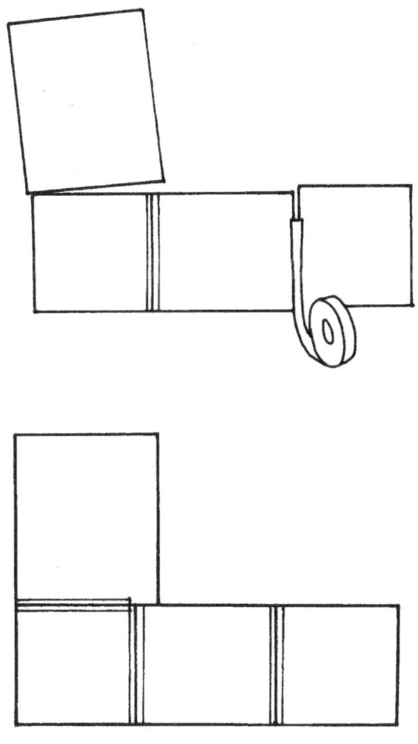

3. Si utiliza cartón, una las partes con cinta adhesiva. Si emplea tableros de madera, únalos con muselina y pegamento y después con cinta adhesiva. La distancia entre las superficies debe ser como mínimo el doble de su grosor.

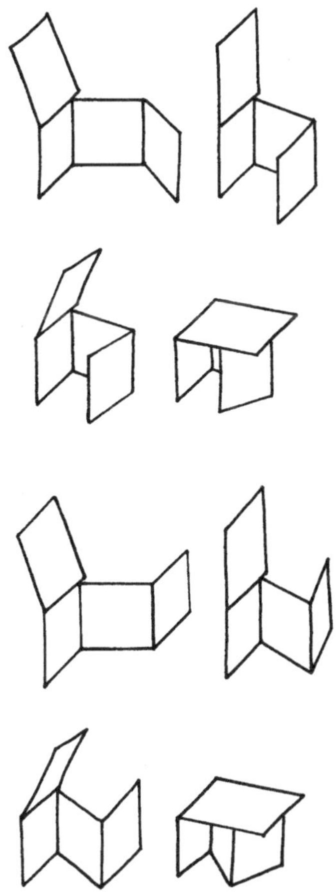

4. Monte la mesa de modo que no se tambalee. Decórela a su gusto con pintura, papel pintado, etcétera.

COSTE

115 US$ / 75 £ / 100 €

ESTANTERÍA DE

Matteo Thun

TIEMPO

240 min

# ESCALERA DE LIBROS

**La vida en los Alpes es un tema recurrente en la obra del diseñador y arquitecto Matteo Thun, nacido en Bolzano (Tirol del Sur). La escalera de libros es un homenaje a la escalera de pan, un mueble que el pueblo alpino de los walser utiliza para almacenar las hogazas de centeno recién hechas. Los walser eran mineros que en la Edad Media salieron del Alto Valais y se establecieron en los Alpes. Su mobiliario carecía de ornamentación y era atemporal, como demuestra la interpretación purista de Thun, que con listones y varillas de madera y tornillos de latón ha creado una sencilla y versátil estantería para guardar objetos personales, revistas y libros.**

Matteo Thun es un arquitecto y diseñador italiano pionero en la fabricación ecológica. Sus premiados diseños, puristas e icónicos al mismo tiempo, se basan en el lema «Eco, no Ego». Fue uno de los fundadores del movimiento de diseño Memphis, además de profesor de la Universidad de Artes Aplicadas de Viena y director artístico de Swatch. En 2001 fundó su propia compañía, Matteo Thun & Partners.

MATTEO THUN
THE INDEX BOOK
top symbols & trademarks of the world
SOTTSASS
700
DISEGNI
Skira

# ¿QUÉ NECESITA?

4 listones de madera de 120 × 3 × 3 cm.
2 listones de madera de 34 × 3 × 3 cm y 2 de 28 × 3 × 3 cm.
28 varillas de madera de 45 cm de largo y 14 mm de diámetro. Sierra.
Taladro. Broca Forstner del diámetro de las varillas. Destornillador.
8 tornillos largos para madera. 56 tornillos de latón. Topes de fieltro.

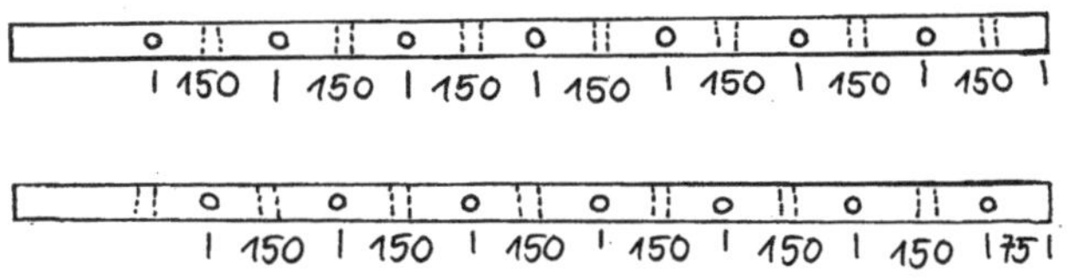


1. Taladre siete agujeros separados 150 milímetros en cada uno de los listones, empezando a 150 milímetros de un extremo. Dé la vuelta a los listones y haga otros siete agujeros en la otra dirección, pero empezando a 75 milímetros del extremo.

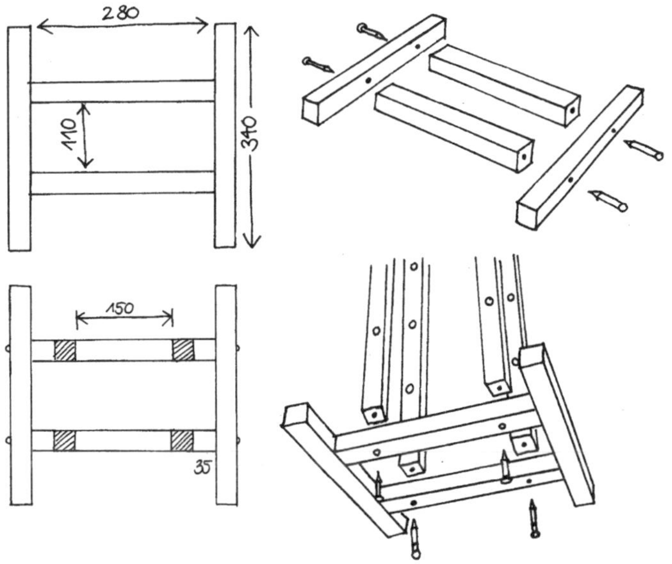


2. Fije la base de la estantería con tornillos para madera y después atornille los cuatro listones a la base.

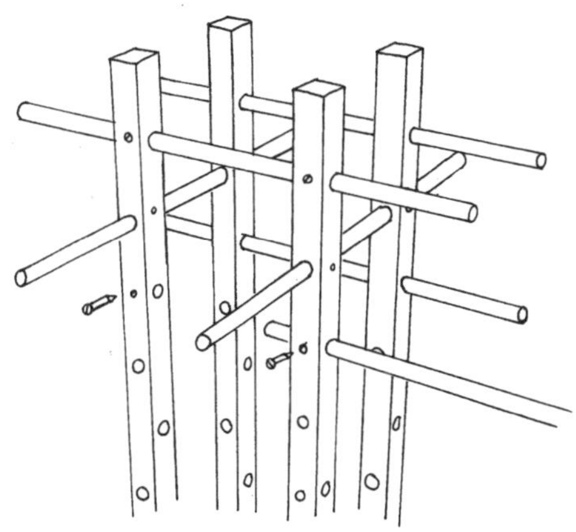

3. Encaje las varillas en los listones de forma simétrica y fíjelas con los tornillos de latón.

COSTE

30 US$ / 10 £ / 20 €

PERCHAS DE

## Yvonne Fehling y Jennie Peiz

TIEMPO

90 min

# NADADORES

Cualquiera que tenga hijos sabe que los juguetes, sobre todo las figuritas de plástico, son fascinantes durante un rato, pero suelen terminar olvidados en algún cajón de la habitación de los niños. Yvonne Fehling y Jennie Peiz los han rescatado de ese destino y les han dado una nueva función: se pueden utilizar como perchas. Para ello hay que decapitarlos o serrarlos por la mitad, pero los niños lo entenderán. Las pequeñas criaturas que emergen de la pared son ahora perchas mágicas que parecen salidas de una película de Harry Potter.

Yvonne Fehling y Jennie Peiz estudiaron Artes y Diseño en la Universidad de Karlsruhe. Desde 2006 dirigen la marca Kraud, especializada en mesas, sillas, lámparas y otros accesorios para el hogar. Su Stuhlhockerbank, o silla-taburete-banco (2007), les granjeó grandes elogios. Ellas describen su filosofía en estos términos: «Delicadeza artesanal y aceptación de contrastes». Viven y trabajan en Múnich y Karlsruhe.

# ¿QUÉ NECESITA?

Figuritas de animales. Pintura en espray.
4 pernos de rosca de 30 mm. Tacos.
Papel de lija. Taladro. Broca de 3 mm. Sierra.

# INSTRUCCIONES

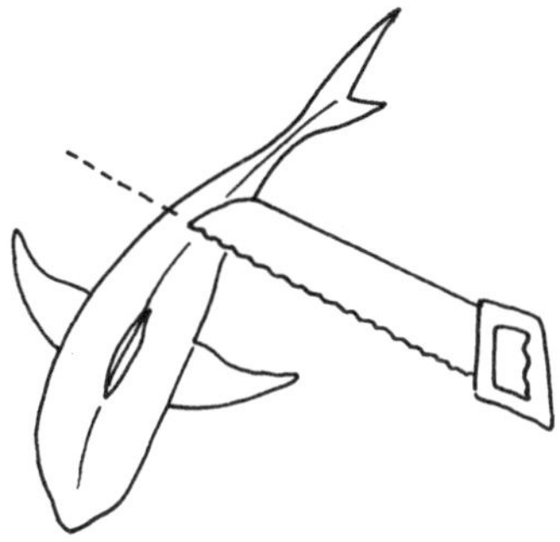

1. Corte una figurita con la sierra.

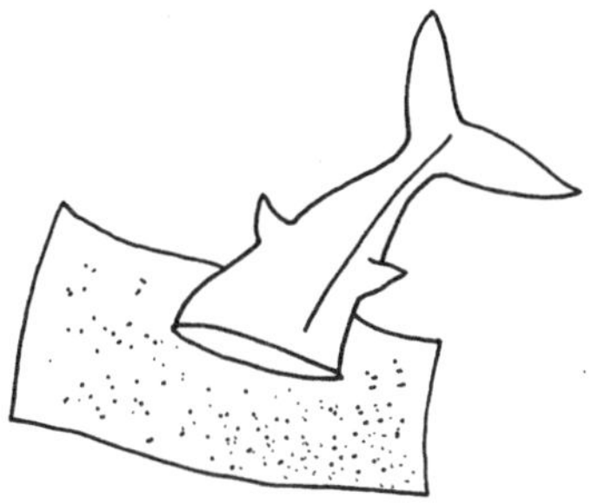

2.Lije las partes cortadas.

3. Píntelas del color que desee.

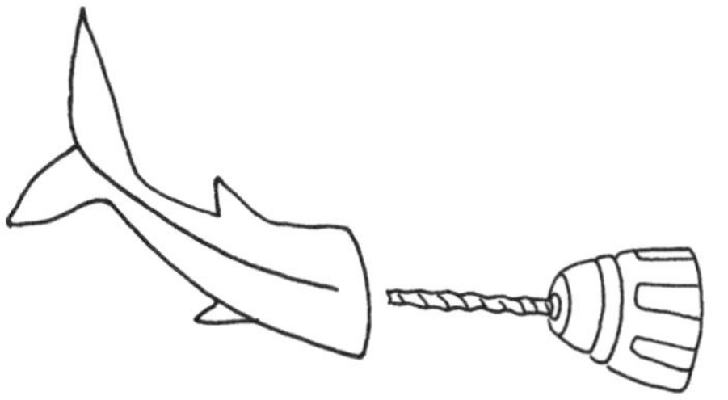

4. Haga un agujero a cada parte.

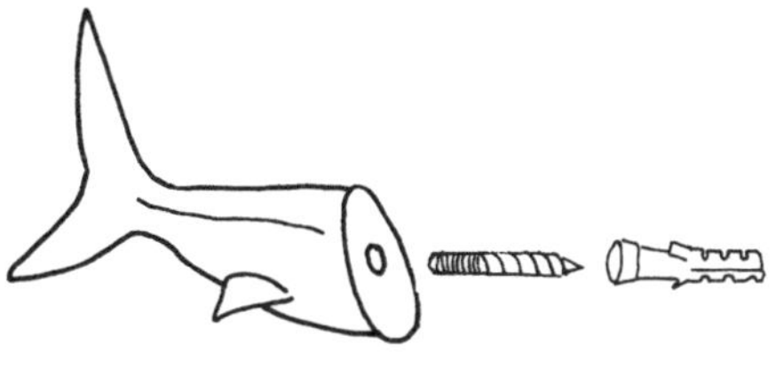

5. Atornille los pernos a las perchas.

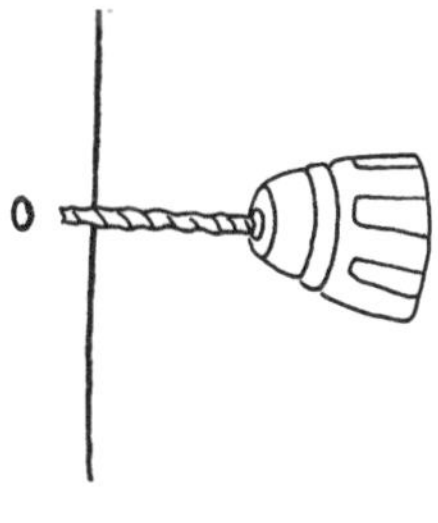

6. Haga agujeros en la pared.

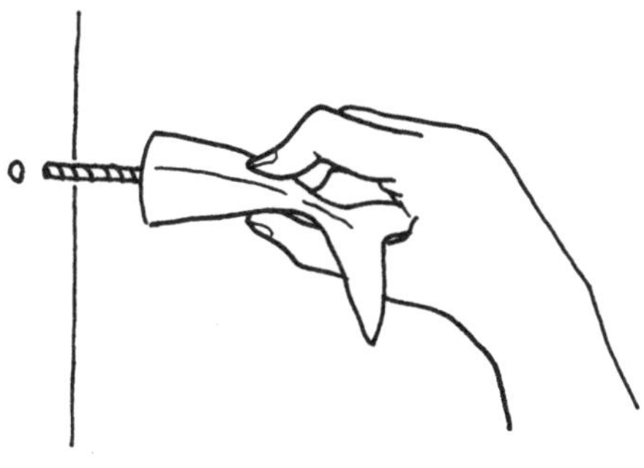

7. Coloque las perchas.

| COSTE | CAJA DE JUGUETES DE | TIEMPO |
| --- | --- | --- |
| 90 US$ / 60 £ / 80 € | **Steffen Kehrle** | 180 min |

# MONOVOLUMEN

**Si tiene hijos, sabrá que los niños no juegan siempre en el mismo sitio. Eso quiere decir que no basta con ordenar sus cosas en una habitación: hay que ir recogiendo por todas partes. Steffen Kehrle se ha enfrentado a este problema y ha tenido una brillante idea: el Monovolumen, un juguete que además es un almacén móvil. Con un pequeño gesto la tapa se transforma en parabrisas y la propia caja se convierte en un juguete. Puede pintarla del color que desee..., o del color que deseen los niños.**

A menudo hay que mirar dos veces los diseños de Steffen Kehrle para ver su valor. Su lema es «No es difícil hacer que las cosas sean bonitas, y aún es más fácil hacer que sean inteligentes». Después de trabajar con Ross Lovegrove en BMW y con Stefan Diez, en 2009 fundó su propio estudio en Múnich. En sus muebles, sus ideas para exposiciones y sus productos, Kehrle juega con las expectativas y utiliza el humor y la improvisación para crear estilo.

# ¿QUÉ NECESITA?

Tablas de madera contrachapada (cortadas a medida).
Tornillos SPAX de 36 mm. Ruedas de carretilla de 15 cm de diámetro.
Papel de lija y bloque. Lápiz. Llave inglesa. Regla. Sierra.
Taladro. Brocas de 12 mm, de 3 mm y de punta Phillips.
Tornillos y tuercas hexagonales M12 de 70 mm.

# INSTRUCCIONES

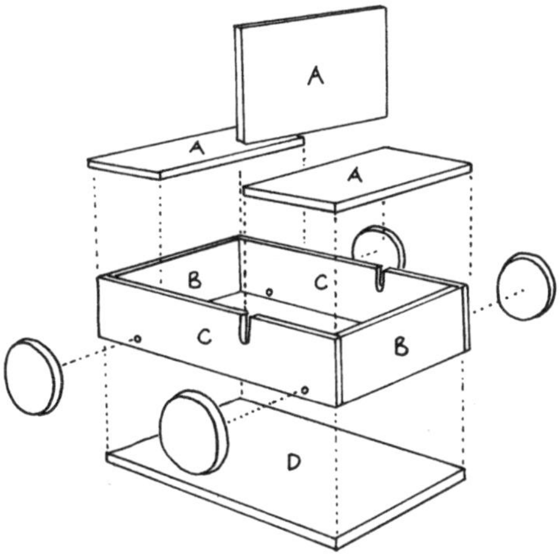


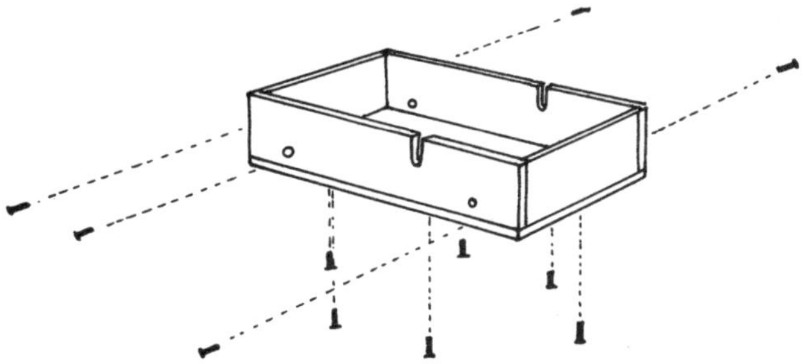

1. Descargue el plano con las medidas de A, B, C y D en phaidon.com/diy. Corte las piezas.

2. Atornille los laterales y la base (B, C y D) con tornillos SPAX. Haga los agujeros para las ruedas.

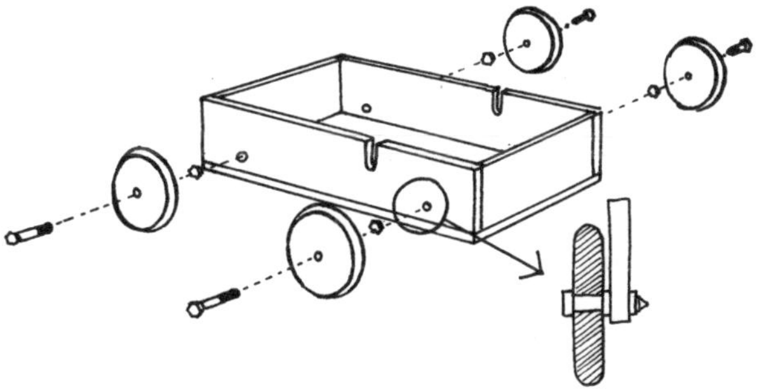

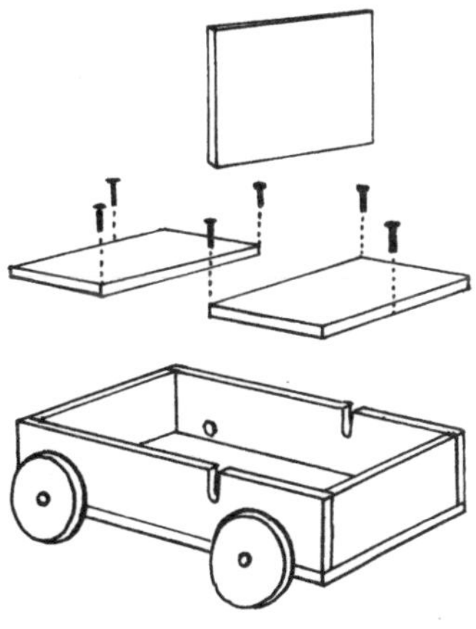

3. Monte las ruedas con los tornillos y las tuercas hexagonales.

4. Fije el maletero y el capó con tornillos SPAX.

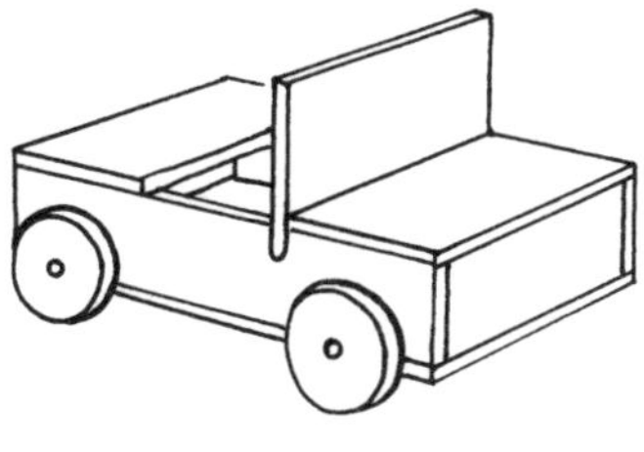

5. Llene el depósito y... ¡en marcha!

COSTE

50 US$ / 33 £ / 44 €

LÁMPARA DE TECHO DE

## Ionna Vautrin

TIEMPO

60 min

# PIÈCE MONTÉE

Con poliestireno extruido se puede hacer cualquier cosa: por ejemplo, una lámpara con un estilo tan elegante que oculta la simplicidad de su construcción. Esta pantalla está formada por aros de poliestireno extruido de distintos tamaños unidos con cinta adhesiva de tela. Ambos materiales se pueden comprar en una tienda de manualidades. La forma de la lámpara, inspirada en una tarta nupcial de origen francés llamada *pièce montée,* puede variar en función del número y el tipo de aros que se utilicen. Como el poliestireno extruido es semitransparente, la luz resulta cálida y sutil.

En los últimos años, Ionna Vautrin se ha dado a conocer gracias a sus lámparas, que siempre recuerdan a pequeñas criaturas brillantes y que ha diseñado para empresas como Foscarini o Moustache. En 2011 recibió el Grand Prix de la Création de la Ville de Paris, y ese mismo año fundó su propio taller. Su marca se caracteriza por formas orgánicas que transmiten calidez y alegría de vivir.

# ¿QUÉ NECESITA?

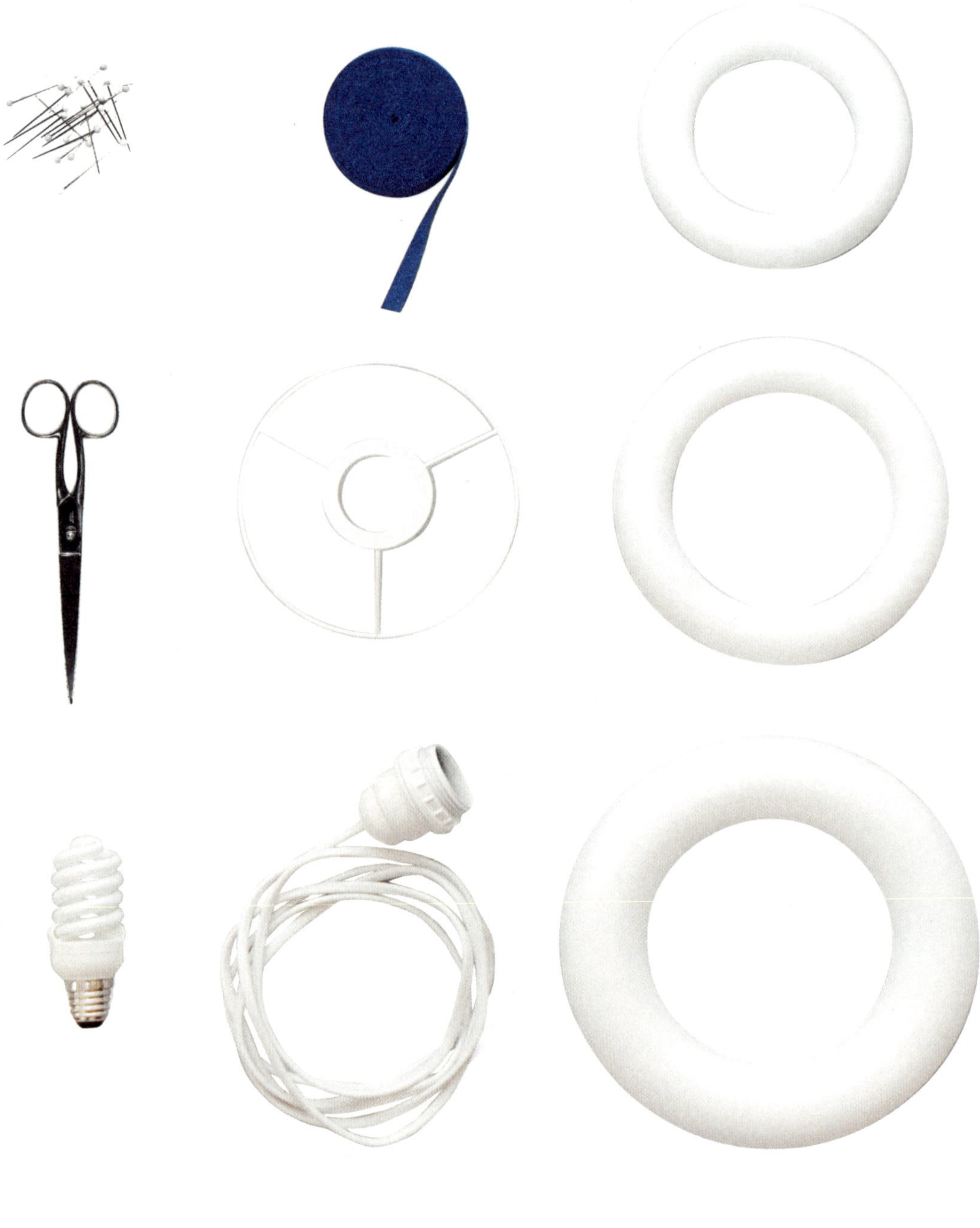

Alfileres. Cinta de tela. Aros de poliestireno extruido.
Tijeras. Aro para pantalla.
Bombilla de bajo consumo. Cable y enchufe.

# INSTRUCCIONES

1. Fije con alfileres tres trozos de cinta al aro inferior.

2. Una el segundo aro al primero con tres trozos de cinta, alternando con la posición de las cintas del aro inferior.

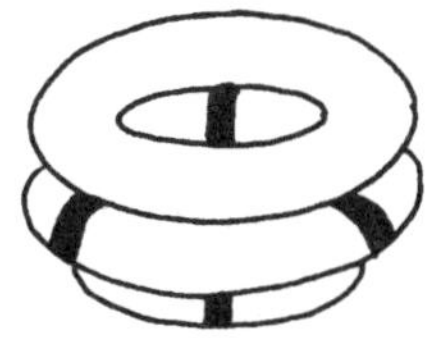

3. Coloque otro aro encima de los anteriores.

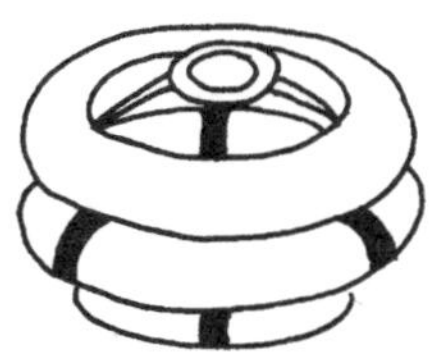

4. Coloque el aro para pantalla entre los dos últimos aros.

5. Sujete el tercer aro alineando la cinta con la del aro inferior.

6. Una el cuarto aro al tercero siguiendo el esquema de colocación de la cinta.

7. Una el quinto aro al cuarto.

8. Una el sexto aro al quinto.

9. Una el séptimo aro al sexto.

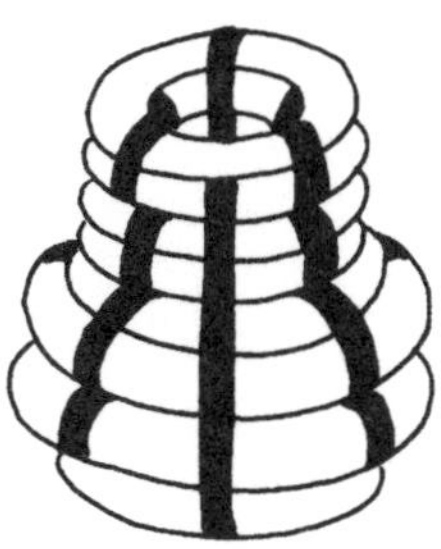

10. Una el octavo aro al séptimo.

11. Una el noveno aro al octavo.

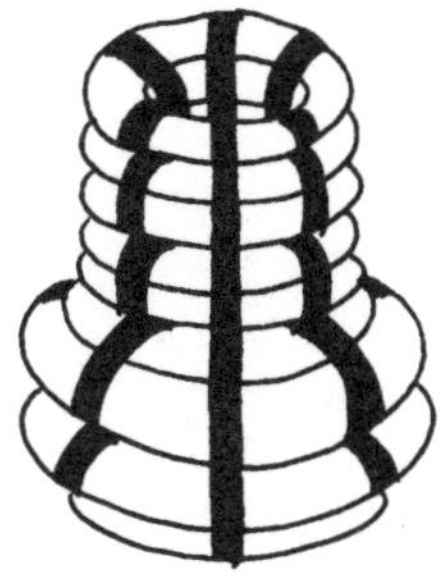

12. Termine y coloque el cable y el casquillo.

COSTE

20 US$ / 13 £ / 17 €

REVISTA DE

Maurizio Cattelan
y Paola Manfrin

TIEMPO

45 min

# PERMANENT FOOD

**Según el artista italiano Maurizio Cattelan, cualquiera puede convertirse en editor y hacer en casa su propia revista de papel cuché. Para este proyecto basta con coger una pila de revistas y empezar a pasar hojas. Para obtener mejores resultados, invite a un grupo de amigos a que hagan lo mismo. Arranque sus páginas favoritas y lleve a cabo un acto de apropiación. Reordene las páginas y encuadérnelas para hacer una revista de segunda generación que diga lo que usted quiera que diga. «Puede venderla, hojearla, tocarla o dejarla abierta sobre la mesa. Cuando se canse de ella, tírela. Alguien podrá utilizarla como punto de partida para una revista de tercera generación».**

El artista italiano Maurizio Cattelan nació en Padua. Comenzó su carrera fabricando muebles en la década de 1980 y en la actualidad es famoso por sus esculturas satíricas. Su trabajo se ha expuesto en museos y galerías de arte tan importantes como el Museum of Modern Art de Nueva York o la Tate de Londres. El proyecto de apropiación editorial Permanent Food, concebido por Maurizio Cattelan, Dominique Gonzalez-Foerster y Paola Manfrin, se lleva a cabo desde 1995. Para saber más sobre la historia de la revista, visite permanentfood.tumblr.com.

PERMANENT FOOD

# ¿QUÉ NECESITA?

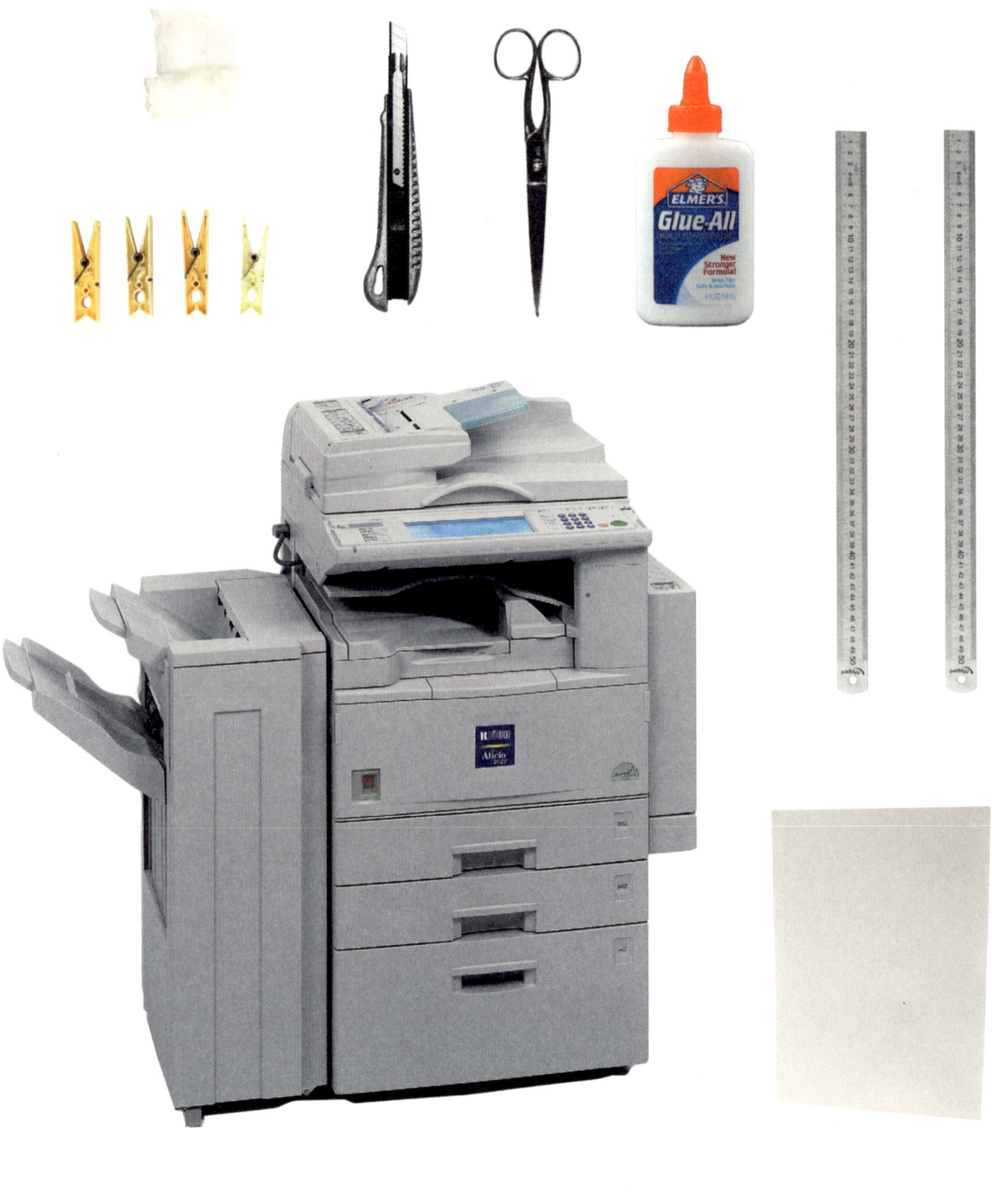


Revistas. Cinta de gasa. 4 pinzas para la ropa. Cúter. Tijeras.
Pegamento. 2 reglas. Fotocopiadora. Cartulina.

# INSTRUCCIONES

1. Reúna varias revistas del mismo tamaño.

2. Seleccione 192 páginas y arránquelas.

3. Alinee las páginas por el lado largo. Pegue el lomo con pegamento para papel.

4. Coloque la cinta de gasa sobre la cola.

5. Presione el lomo entre dos reglas sujetas con pinzas y deje que se seque.

6. Fotocopie a escala los dos logos de Permanent Food (página 222) y recórtelos.

7. Seleccione una imagen para la portada y pegue encima los logos, uno en la parte superior y otro a la izquierda, vertical.

8. Fotocopie la portada con los logos pegados en una cartulina.

9. Pegue el lomo cubierto con la tira de gasa a la parte interior de la portada de cartulina.

10. Doble la cartulina y deje que se seque.

COSTE
35 US$ / 22£ / 30 €

SILLA DE
Piet Hein Eek

TIEMPO
240 min

# SILLA DE EDAM

Esta silla fue diseñada para un centro social de Edam (Países Bajos), pero nunca se llegó a producir a escala industrial. Reúne todas las características de la filosofía de diseño de Piet Hein Eek: sostenibilidad, artesanía y calidad a la antigua usanza. Está hecha con listones de madera envejecida y sin tratar, el material preferido de Eek, su marca de la casa. «Como casi no había presupuesto para el proyecto, buscamos madera entre los restos de demoliciones. Nos ayudaron un constructor de barcos y algunos voluntarios, así que Edam se convirtió en un proyecto de bricolaje colectivo». La silla se puede usar como mueble de jardín o como presencia rompedora entre sillas de diseño clásico. ¡Cuidado! No es apta para principiantes.

Piet Hein Eek estudió en la Academia de Diseño de Eindhoven a comienzos de la década de 1990. Para su proyecto de fin de carrera diseñó estanterías y cajoneras de madera envejecida, y siempre ha permanecido fiel a esa idea. En la actualidad su fábrica en Eindhoven cuenta con cientos de trabajadores. Sus premiados muebles (mesas, camas, sillas y lámparas) se venden en su propia tienda y fuera de su país a través de algunas galerías de diseño.

# ¿QUÉ NECESITA?

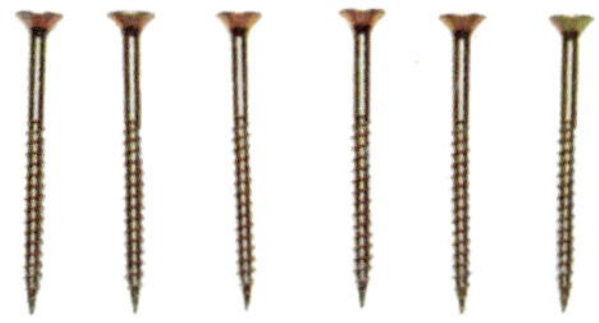

Tornillos. Listones de madera reciclados. Cola para madera.
Destornillador inalámbrico. Sierra caladora.

# INSTRUCCIONES

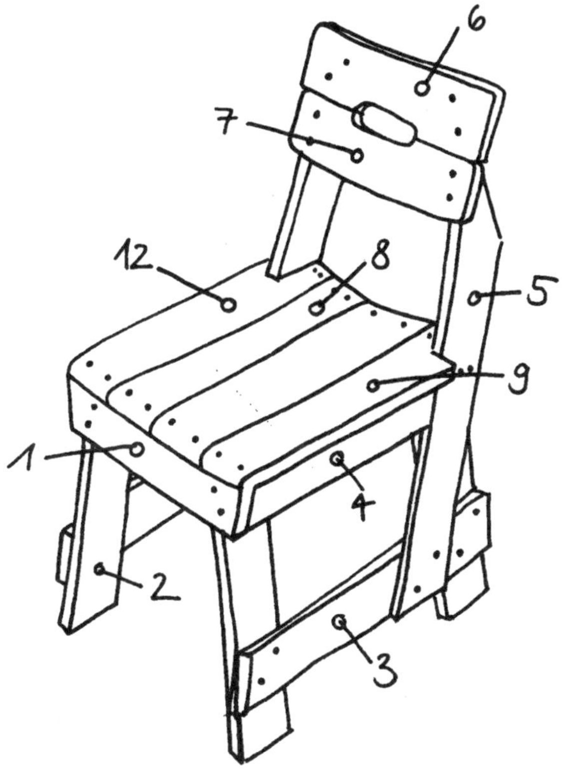


1. Descargue el plano de las piezas necesarias en phaidon.com/diy. Corte las piezas o encargue que se las hagan. Fíjelas con clavos o tornillos como se indica en el dibujo y encólelas si es necesario.

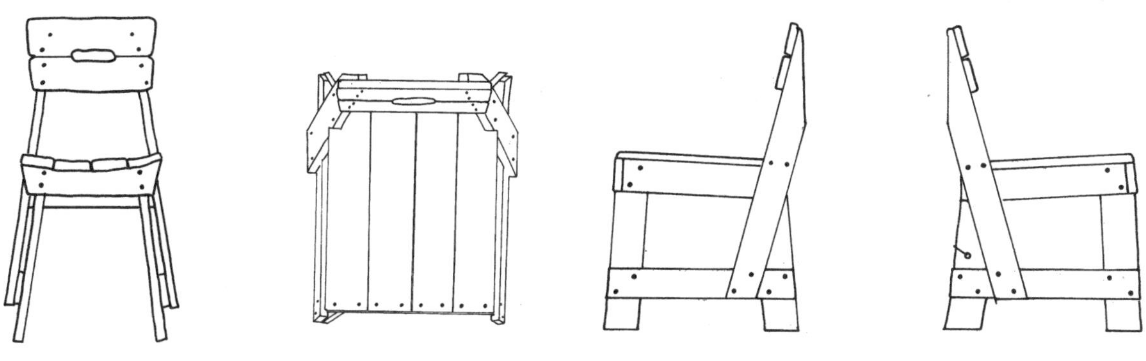

Silla Edam: vista de frente, desde abajo y de lado.

COSTE

30 US$ / 19 £ / 26 €

BOLSA PARA BICICLETA DE

**Werner Aisslinger**

TIEMPO

45 min

# BOLSA PARA BICICLETA

**La idea de Werner Aisslinger es un homenaje al renacimiento del ciclismo urbano y a la cultura de austeridad de Berlín, donde vive. «Acababa de comprarme una bici y tenía que pensar en cómo iba a llevar las cosas». La alforjas resultaban demasiado burguesas y las rejillas y las cestas eran poco prácticas. Decidió que la solución más elegante sería llevar en la barra una bolsa como las de las bicicletas del Ejército suizo. Para confeccionarla eligió bolsas de tela de cuadros o de malla de plástico de las que se pueden encontrar en cualquier parte, porque eran materiales baratos, sólidos y resistentes. «Quería una solución rápida y sencilla para un problema que a todo el mundo le resulta familiar».**

Werner Aisslinger nació en Nördlingen (Alemania). Después de trabajar en Milán y en Karlsruhe se estableció en Berlín, donde dirige un estudio de diseño, Studio Aisslinger. Sus diseños están en la frontera entre arte, diseño y arquitectura: su Loftcube es un espacio habitable de 39 metros cuadrados que se puede transportar en helicóptero a cualquier lugar del mundo. Su trabajo se puede ver en centros como el Museum of Modern Art de Nueva York.

## ¿QUÉ NECESITA?

2 bolsas de tela de cuadros con cremallera. Cintas de amarre.
Film transparente reticulado de PVC. 2 cuerdas elásticas.
Martillo. Tijeras. Remaches.

# INSTRUCCIONES

1. Doble los lados de la bolsa hacia fuera a la altura de la cremallera.

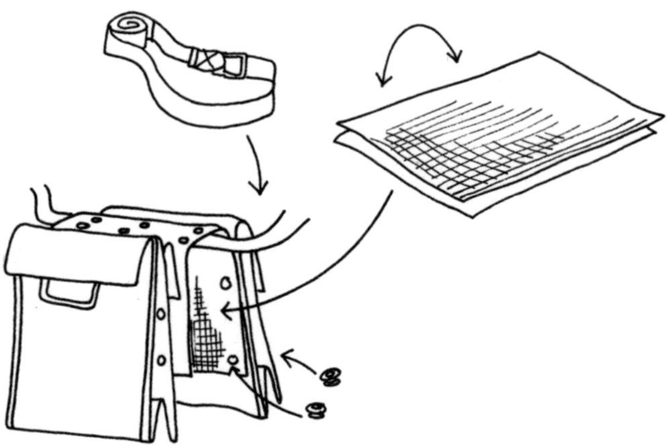

2. Una las bolsas y el PVC con remaches de forma que puedan colgarse por encima de la barra de la bicicleta (utilice las cintas de amarre como cinturón colgante).

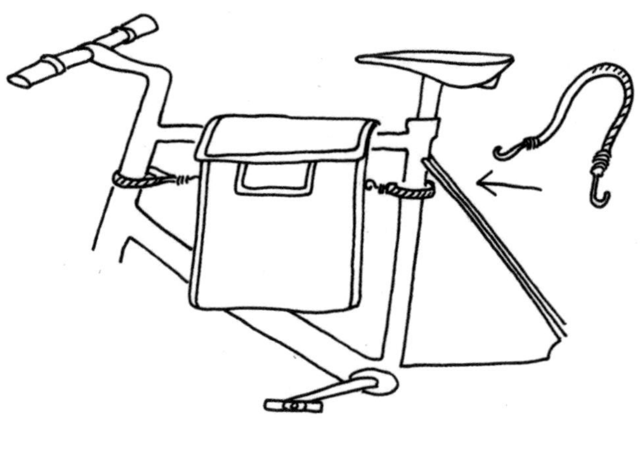

3. Puede sujetar la bolsa a la bicicleta con cuerdas elásticas si es necesario.

# PLANTILLAS

# PLANTILLA
## Faye Toogood – TAPIZ, pág. 26

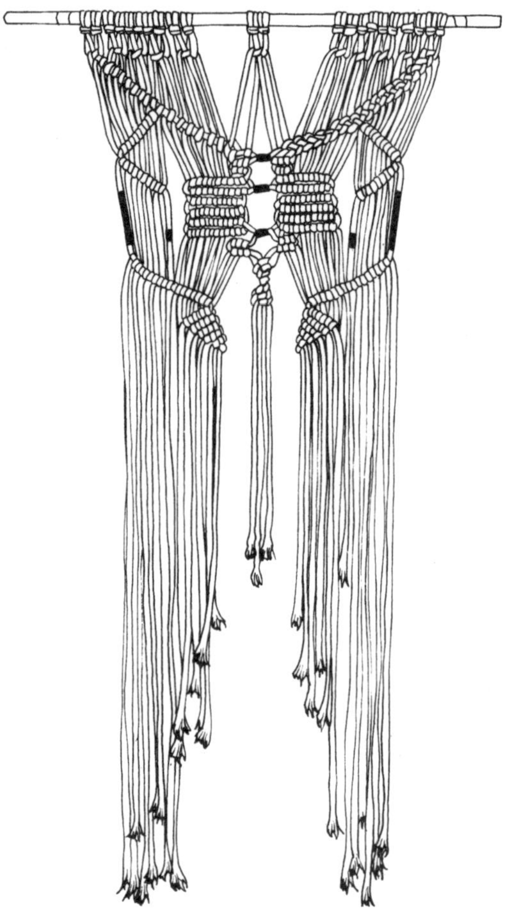

1. Divida las cuerdas en grupos de cuatro y haga el nudo 1 once veces en la parte superior del tapiz.
2. Use el nudo 1 para bajar en diagonal desde los lados. Vaya corriendo una cuerda hacia dentro en cada nudo hasta llegar a las dos cuerdas centrales.
3. Una las dos cuerdas centrales con cinta adhesiva como se indica en el dibujo.
4. Utilice las dos cuerdas centrales para hacer el nudo 2 tres veces en cada lado, es decir, con las tres cuerdas más centrales de cada lado.
5. Repita el mismo nudo en esas tres mismas cuerdas, regresando hacia el centro.
6. Vuelva a cambiar de dirección y haga el mismo nudo hacia el exterior. Hágalo diez veces en cada lado.
7. Una las dos nuevas cuerdas centrales con cinta adhesiva y úselas para empezar a hacer el nudo 2 hacia fuera y hacia dentro, en filas de diez.
8. Después de cinco filas de nudos, una las nuevas cuerdas centrales y úselas para hacer el nudo 2 tres veces hacia fuera y tres hacia el centro.
9. Coja la undécima cuerda desde la izquierda. Vaya haciendo el nudo 2 en diagonal hacia abajo y hacia los lados. Repita el procedimiento en el lado derecho.
10. Repita los mismos nudos en ambos lados hacia abajo y hacia el centro diez veces para crear una forma triangular.
11. Con las cuatro cuerdas centrales haga el nudo 1 en vertical hacia abajo siete veces. La cuerda empezará a girar sobre sí misma.
12. Envuelva con cinta 10 centímetros de cada una de las cuerdas exteriores y 2,5 centímetros de la undécima cuerda de cada lado.
13. Con la primera cuerda de la izquierda haga el nudo 1 en diagonal hacia abajo y hacia el centro. Anude todo salvo la columna central retorcida. Vuelva y haga seis nudos hacia abajo y hacia el exterior. Repita en el otro lado del tapiz.
14. Con la nueva cuerda central (sin contar la columna retorcida), haga una fila de cinco nudos justo debajo y en paralelo a los anteriores. Con la nueva cuerda central haga una fila de cuatro nudos. Siga anudando desde el centro y restando un nudo cada vez hasta tener una fila de un solo nudo. Haga lo mismo en el lado derecho.
15. ¡Disfrute de su tapiz!

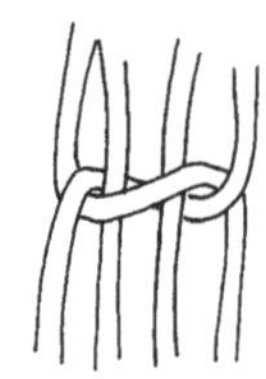

Nudo 1

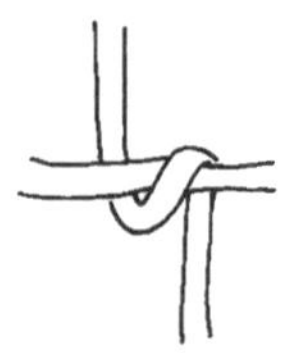

Nudo 2

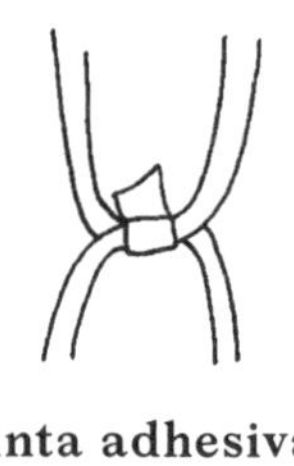

Cinta adhesiva

# PLANTILLA
## Yves Béhar – Amplify, pág. 94

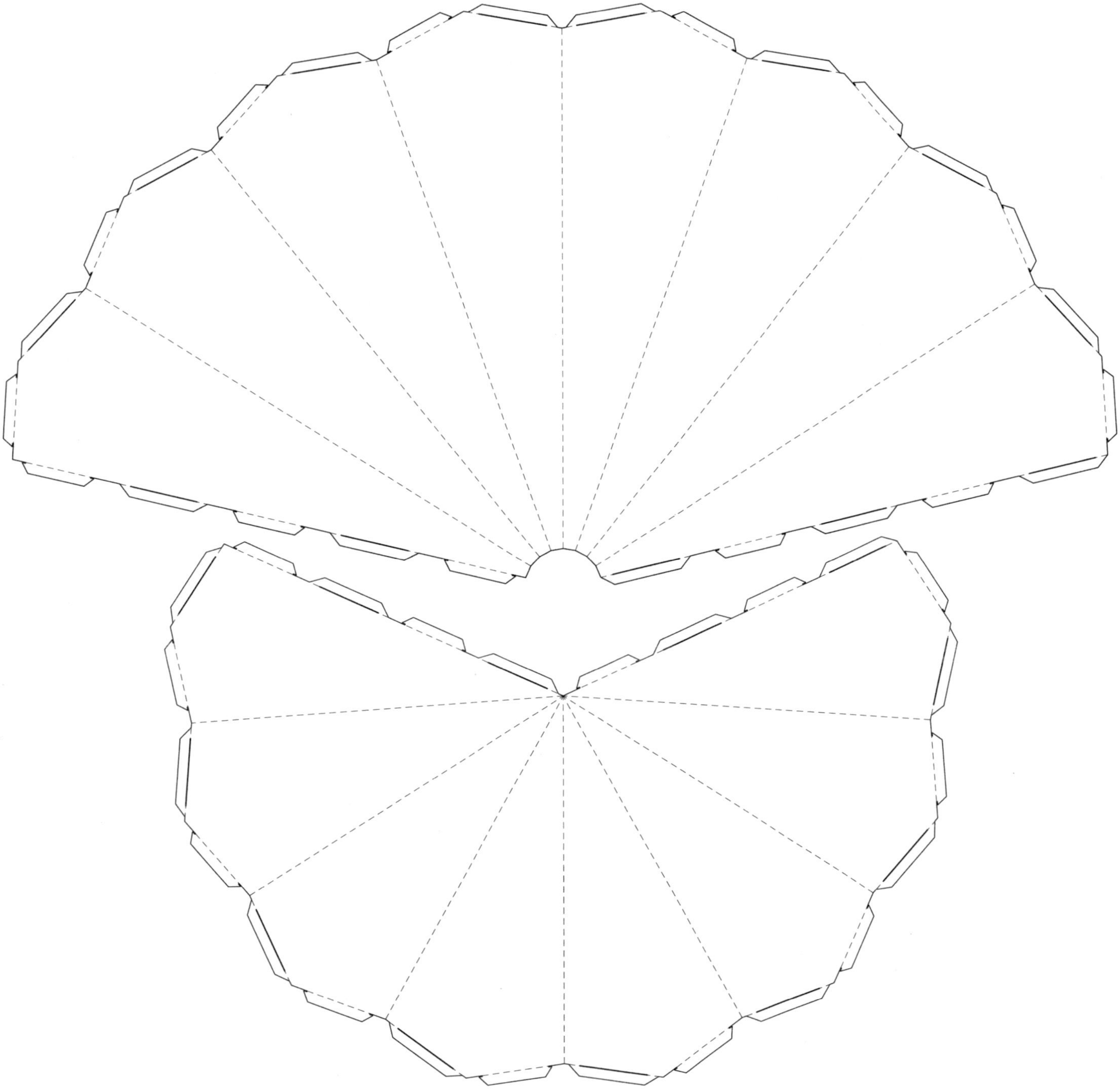

Escanee esta plantilla y amplíela al 500% (× 5) o bien descárguela a 1:1 en phaidon.com/diy. Cópiela en papel grueso y translúcido, recórtela y marque los pliegues siguiendo las líneas de la plantilla.

# PLANTILLA
## Patricia Urquiola – BROCHE, pág. 106

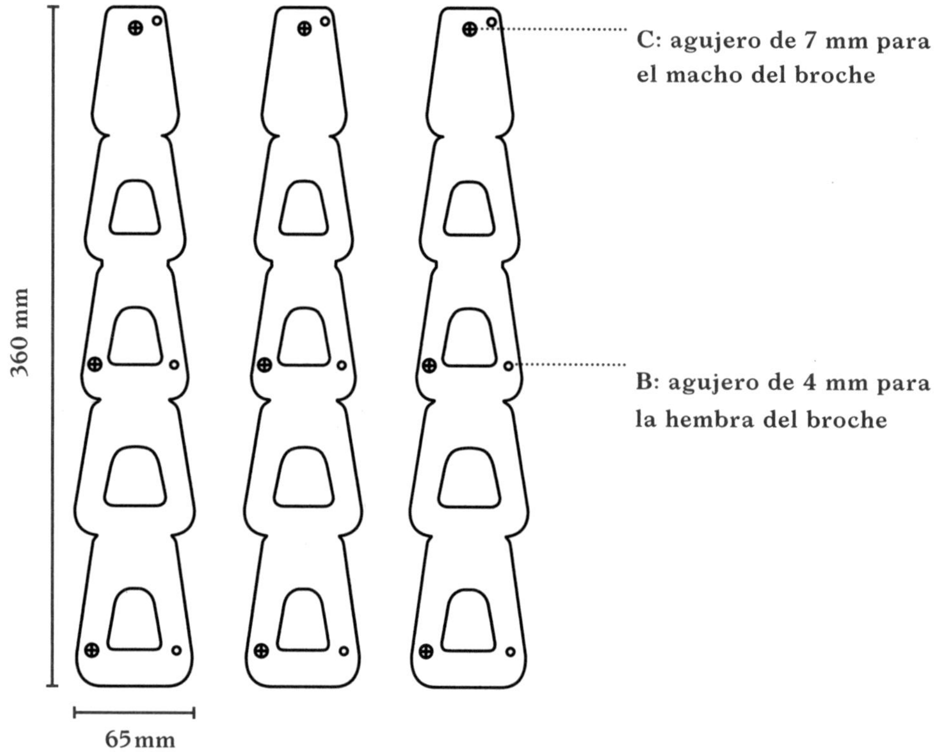


1:4

1:1

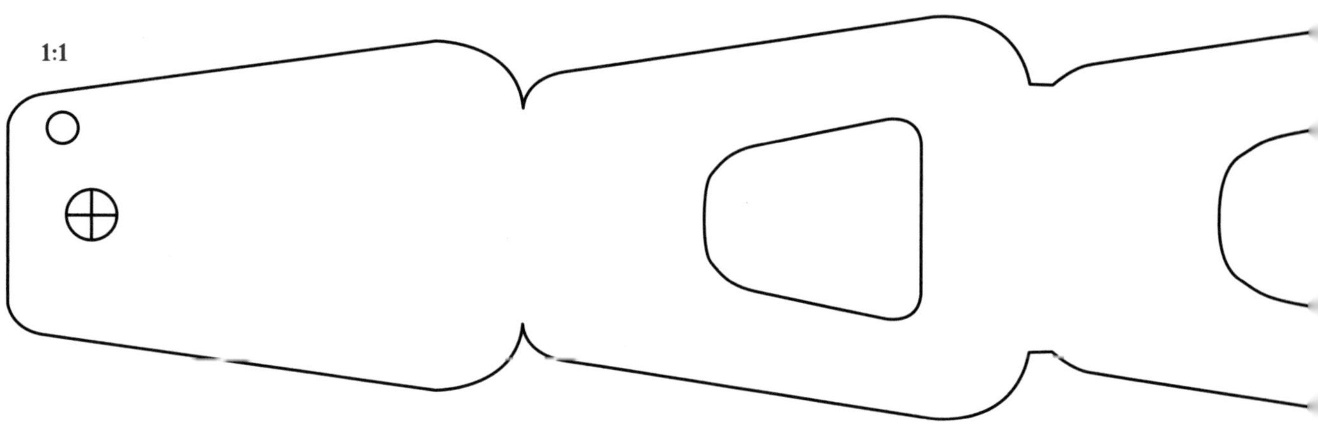

Para la lámpara de Patricia Urquiola se necesitan 30 piezas de cartón. Fotocopie la plantilla grande (1:1) sobre un papel de tamaño A3, recórtela con un cúter y transfiérala a un cartón fino. En un cartón de formato A3 caben tres piezas. Antes de recortar las piezas, haga los agujeros para los broches con punzones de dos tamaños. Luego corte las piezas con un cúter. Puede encontrar una versión de esta plantilla para imprimir en escala 1:1 en phaidon.com/diy.

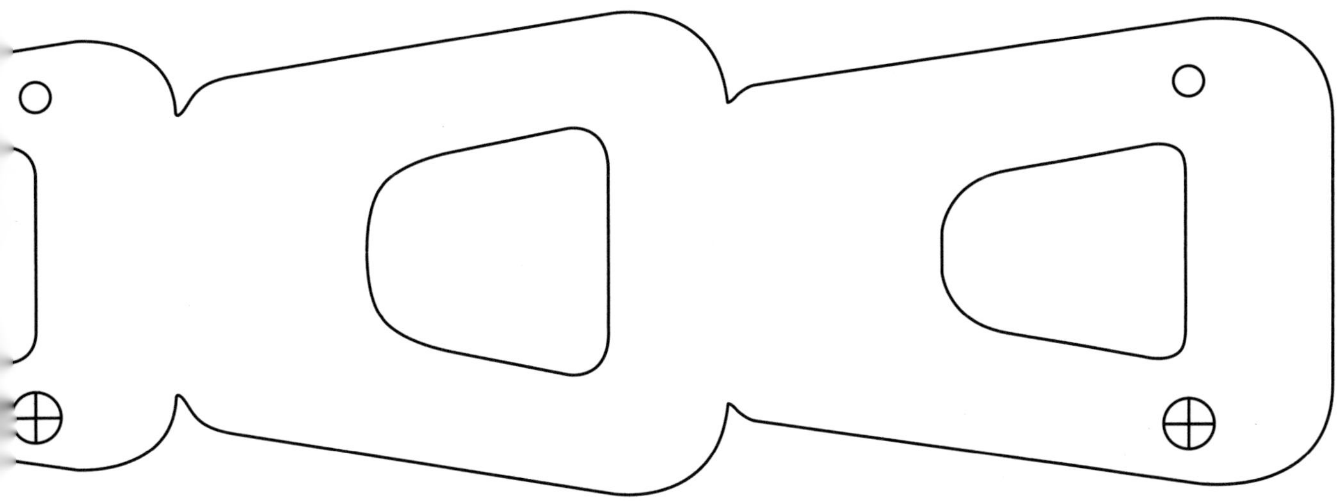

# PLANTILLA
## Pauline Deltour – SHOE MAN, pág. 110

Fotocopie esta plantilla a escala 1:1 o descárguela en phaidon.com/diy e imprímala. Colóquela sobre las tablas que formarán las patas del banco y transfiérala para tener la posición y el tamaño correctos de las ranuras.

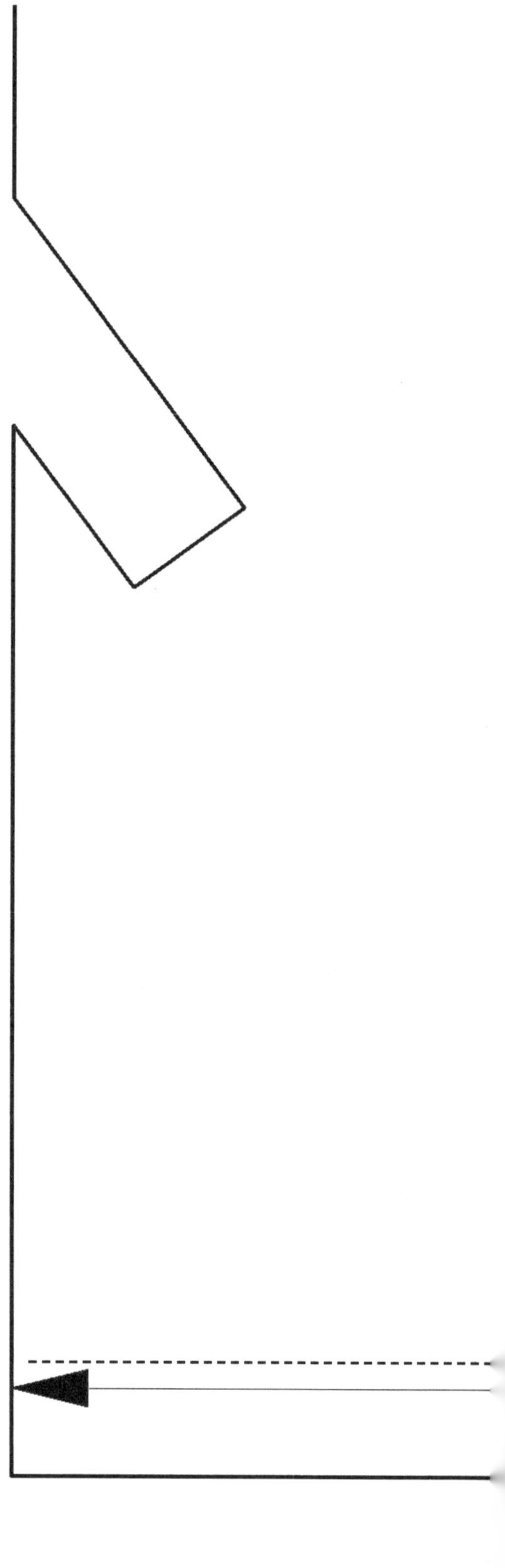

22 cm

## PLANTILLA
## Bernotat & Co. – APOLO 11, pág. 146

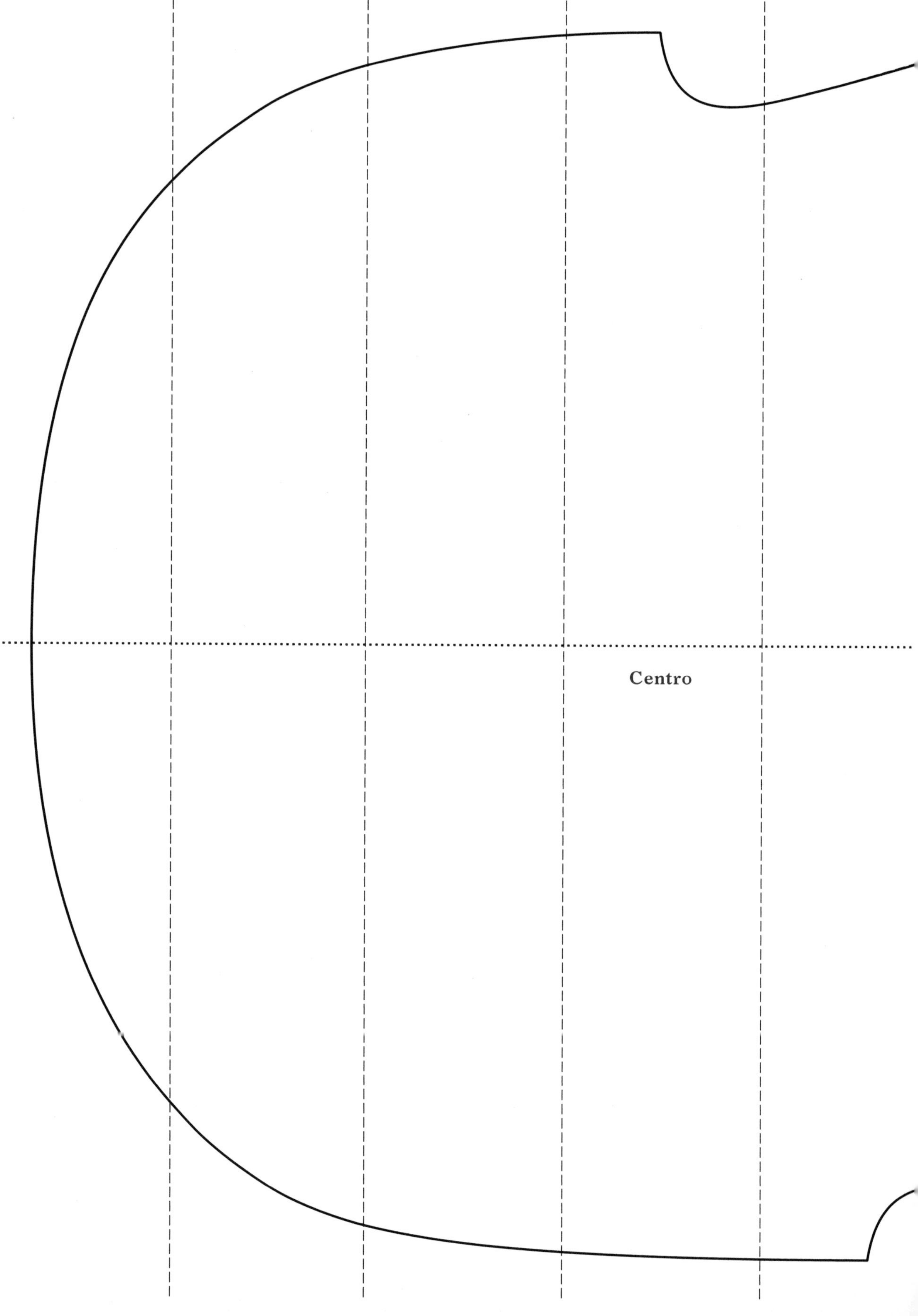

La plantilla de la cubretetera Apolo 11 de Bernotat & Co. se ofrece en dos tamaños. Para teteras más pequeñas se recomienda la versión S, y para teteras medianas y grandes la versión L. Por supuesto, el tamaño se puede modificar si su tetera no encaja en ninguna de estas dos opciones. También puede descargar esta plantilla a escala 1:1 en versión para imprimir en phaidon.com/diy.

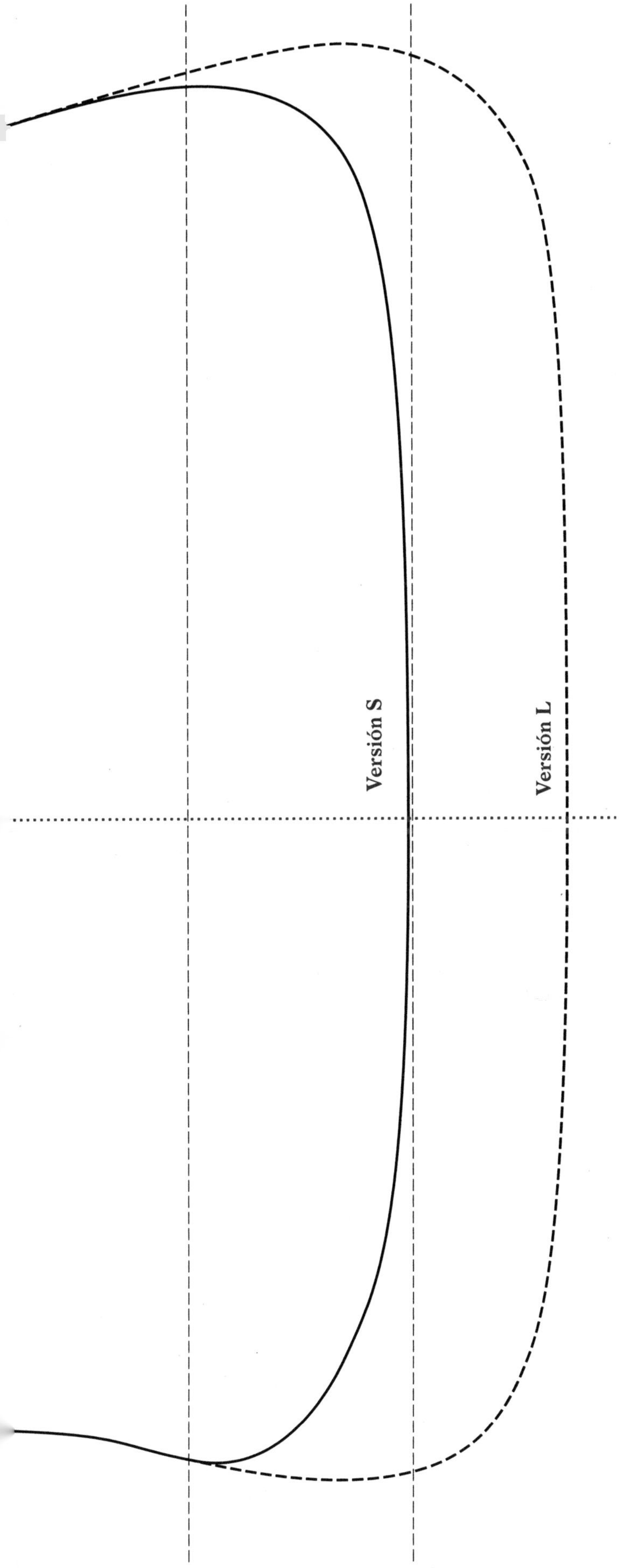

# PLANTILLA
# Jamie Hayon – TYS VICO 1, pág. 150

Haga una fotocopia en color de esta plantilla a escala 1:1 o descárguela en phaidon.com/diy e imprímala en color. Recorte las piezas con cuidado, dejando un margen en blanco alrededor, antes del montarlas sobre el cartón pluma.

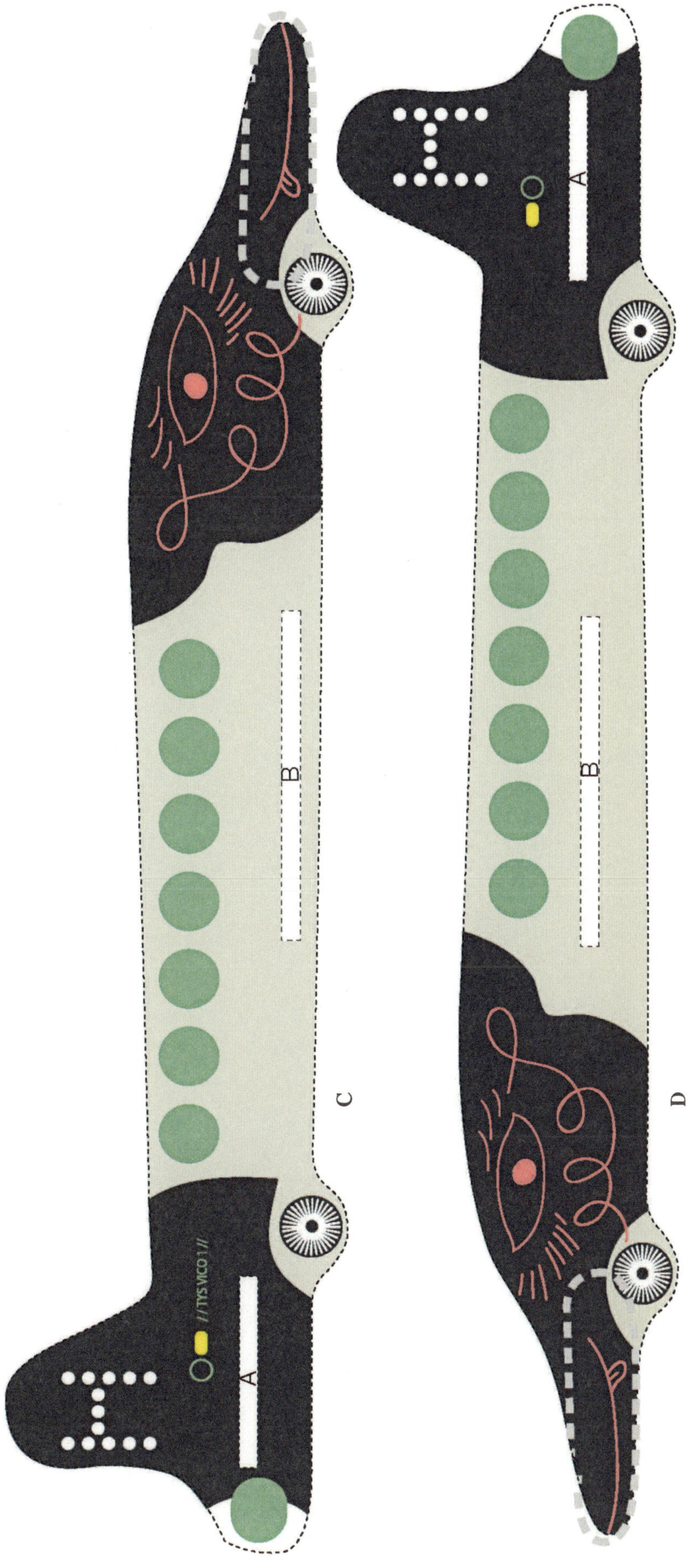
A
B
C
A
B
D
// TYS VICO 1 //

# PLANTILLA
## Maurizio Cattelan y Paola Manfrin
## PERMANENT FOOD, pág. 198

Fotocopie en color estos logotipos
o descárguelos en phaidon.com/diy
e imprímalos en color. Modifique el tamaño
en función de las medidas de su revista.
Recórtelos y péguelos a la portada.

En phaidon.com/diy se pueden descargar
a escala 1:1 las plantillas de estos proyectos:

- Yves Béhar, Amplify, pág. 94
- Patricia Urquiola, Broche, pág. 106
- Pauline Deltour, Shoe Man, pág. 110
- Bernotat & Co., Apolo 11, pág. 146
- Jaime Hayon, Tys Vico 1, pág. 150
- Steffen Kehrle, Monovolumen, pág. 190
- Maurizio Cattelan y Paola Manfrin, Permanent Food, pág. 198
- Piet Hein Eek, Silla de Edam, pág. 202

**Agradecimientos**
Queremos dar las gracias a todos los diseñadores que crearon proyectos para este libro y los pusieron a nuestra disposición y a la de los lectores. Gracias también a todo el personal de *Süddeutsche Zeitung Magazin*, que colaboró en la realización de este libro.

**Advertencia**
Utilice las herramientas con precaución según las instrucciones y vigile siempre a los niños.

**Fotografías**
Myrzik und Jarisch, cubierta, contracubierta, págs. 87, 187, 191 / Sorin Morar, págs. 11, 23, 31, 35, 103, 115, 127, 151, 159, 167, 199 / Markus Jans, pág. 14 / Fabian Zapatka, págs. 18, 19, 163 / Michael Barnett, pág. 22 / Rory van Milligen, pág. 26 / Faye Toogood, pág. 27 / I & I Fotografie, pág. 42 / Jäger & Jäger, pág. 47 / Dirk Bruniecki, pág. 46 / Raimund Koch, págs. 51, 55 / Chris Callis, pág. 50 / Rainer Hosch, pág. 54 / Attila Hartwig, págs. 58, 59, 83, 107, 131, 155, 171 / Ralf Zimmermann, pág. 67 / Hedi Slimane, pág. 70 / Molly Berman, págs. 71, 72 / Corentin Harbelot, pág. 74 / Tobias Nickerl, pág. 75 / Charlie Schuck, pág. 78 / Gerhard Kellermann, pág. 82 / Gisela Schenker, pág. 90 / Mark Serr, pág. 95 / Gao Yuan, pág. 98 / Max Zambelli, pág. 106 / Pauline Deltour, p. 111 / Franck Juery, pág. 110 / Scottie Cameron, pág. 119 / Lufe Gomez, pág. 130 / Delfino Sisto Legnani, pág. 134 / Horst Friedrichs, pág. 139 / Jonathan Olivares Design Research, págs. 142, 143 / Rogier Chang, pág. 146 / Marleen Sleeuwits, pág. 147 / Fabian Frinzel, pág. 154 / Rob Overmeer, pág. 174 / Stefan Botev, págs. 175, 207 / Devendra Banhart, pág. 178 / Francessca Lotti, pág. 182 / Sabine Schweigert, pág. 183 / Katrin Lautenbach, pág. 186 / Julian Baumann, pág. 190 / Iacopo Benassi, págs. 198, 199 (portada de la revista).

Claudia Klein diseñó y realizó todas las ilustraciones de este libro siguiendo las instrucciones de los diseñadores.



Phaidon Press Limited
Regent's Wharf
All Saints Street
Londres N1 9PA

Phaidon Press Limited
65 Varick Street
Nueva York, NY 10012

www.phaidon.com

Primera edición en español, 2015


ISBN 978 07148 7080 9



Dirección editorial: Emilia Terragni
Editora de proyecto: Luisa de Miranda
Producción: Steve Bryant

Traducido del inglés por Miguel Serrano Larraz y Ana Bescós para Cillero & de Motta

Diseño: Thomas Kartsolis, Manuel Birnbacher, Sophie Chatellier, Ralf Zimmermann (editor de imágenes)

Fotografías: Claudia Klein

Printed in Europe / Impreso en Europa